MOYEN AGE DÉVOILÉ

LE

MONDE DANTESQUE

LE
MONDE DANTESQUE

PREMIÈRE GALERIE ILLUSTRÉE.

LES

PAPES DE LA TERRE

DE L'ENFER ET DU PURGATOIRE

PAR

SÉBASTIEN RHÉAL DE CESENA

AUTEUR DU ROMANCERO DES DIVINES FÉERIES, DES CHANTS DU PSALMISTE, DE LA PREMIÈRE TRADUCTION

DES ŒUVRES COMPLÈTES DE DANTE, ETC.

PARIS
LIBRAIRIE CENTRALE DES PUBLICATIONS ILLUSTRÉES,

5, RUE DU PONT-DE-LODI, 5

1857

Vatteau pinxit.

LA COMÉDIE ITALIENNE AU XVIIIe SIÈCLE.

FIN DU MOYEN AGE

Et tout finit par des chansons.
— La dernière fut *la Marseillaise*.

Emblêmes et figures.

INTRODUCTION GÉNÉRALE

DÉDICACE

ET

PENSÉE DE L'OUVRAGE.

—

Je dédie ce vaste musée historique, le *Monde Dantesque*, à la reconstitution pacifique et unitaire de la nationalité italienne, déjà poursuivie par son grand poëte, selon les nécessités fatales de son temps.

> *Ahi serva Italia, di dolore ostello.*
> . . . .
> *O patria degna di trionfal fama* (1)...
>
> Ah ! Italie esclave, hôtellerie de douleur.
> . . . .
> O patrie digne d'une renommée triomphale !

Combien de fois en parcourant, le cœur brisé, les âpres stations de son pèlerinage, les pages brûlantes ou plaintives dont j'essayais de nous approprier le verbe, combien de fois ai-je répété ces apostrophes éloquentes, comme un écho de nos propres misères et de nos saintes aspirations. Dante ! n'est-ce pas l'Italie personnifiée dans une de ses figures les plus douloureuses et les plus glorieuses ? J'espère que l'étude approfondie de ses œuvres et de ses annales, parmi leurs nombreux et universels enseignements, démontrera mieux les causes des malheurs dont elle souffre avec nous tous et les voies propices du salut commun.

(1) Paroles de Dante au poëte Sordello, son compatriote, qu'il rencontre dans le Purgatoire (ch. vi) ; et début de sa belle canzone patriotique où il rappelle à Florence, avilie par les factions, ses premières gloires, ses antiques vertus. (*Rime*, trad. franc., vol. IV de notre 1re édition.)

Je dois ici le dire. Outre mon espoir invincible pour la rédemption temporelle de la race humaine et mon admiration pour l'immortel hiérophante du moyen âge, un sentiment plus intime m'a conduit, comme instinctivement, dans ma laborieuse entreprise. Italien par le sang maternel, j'avais un titre particulier à la réaliser, sinon parfaitement, du moins avec une ferveur consciencieuse, et je le revendique aujourd'hui. Voilà pourquoi j'ajoute le nom de ma seconde famille transalpine au nom littéraire adoptif, sous lequel j'ai fait mes premières armes et subi tant d'épreuves dans ma carrière (1).

Et l'Italie, j'en atteste son Homère toscan, n'est-elle pas aussi notre sœur, la plus dorée par le soleil entre les nations qui parlent les idiomes jumeaux, issus de l'harmonieuse langue virgilienne ? Si des fatalités successives nous ont trop souvent fait heurter nos épées depuis Brennus, nos liens fraternels, scellés par tant de pactes et de sympathies, ne se sont-ils pas renoués noblement naguère dans cette héroïque expédition d'Orient, où l'aigle française a eu pour compagnon le labarum sarde, qui étoile aujourd'hui le drapeau de la liberté italique ; dans cette campagne où les signes ennemis, la croix et le croissant, ont formé alliance. Et là bas, les deux tribus oubliées qui vont reprendre leur rang national, sœurs danubiennes dont j'ai le premier chanté la renaissance, comme un prélude à d'autres résurrections (2), ces principautés que les diplomates appellent la Valachie et la Moldavie, appelons-les de leur vrai nom primitif : la Roumanie. C'est encore une colonie de frères latins, transplantée par la conquête romaine dans les steppes de la Dacie, les anciens compagnons de nos Croisés.

(1) Une mesure ministérielle, accompagnée de circonstances inusitées et enregistrées par les journaux du temps, frappa l'auteur en 1847, sous l'ancien gouvernement, dans le cours même de sa publication des œuvres complètes de Dante, dont celle-ci est le corollaire, c'est-à-dire la suppression de la modeste indemnité littéraire annuelle accordée en aide à ses laborieux travaux sur le budget de l'instruction publique : suppression survenue à propos d'une brochure où il invoquait certaines mesures législatives, protectrices de la haute littérature et des sciences parmi leurs nombreuses vicissitudes sociales. Aujourd'hui où la mort subite de ce ministre éclairé nous laisse le regret de ne pouvoir lui exprimer notre remerciement, nous devons ajouter que M. Hippolyte Fortoul a soutenu avec bienveillance, ainsi que Messieurs les Ministres de l'Intérieur et d'État, notre onéreuse édition Dantesque, en complétant les souscriptions interrompues à son département pendant huit années, pour les bibliothèques publiques où nos nouvelles parties (*les OEuvres philosophiques*), traduites pour la première fois, n'existaient pas avant nous. (*Voyez* ci-après la première page de l'Appendice à l'introduction.)

(2) L'auteur, que des relations particulières avec des membres de l'émigration roumaine avaient mis à même d'étudier leur histoire peu connue, publia en 1850 un poème intitulé *la Roumanie renaissante*, suivi d'un précis de ses annales et de sa dernière révolution. La presse politique et littéraire n'accordait alors qu'un intérêt médiocre à ces peuples perdus, et notre ancien consul à Bucharest, M. A. Billecocq, avait presque seul signalé leur importance historique et géographique, en prédisant la prochaine lutte dont ces greniers de Bysance deviendraient l'occasion ou le théâtre. Outre des points stratégiques importants pour l'Europe, il y a là aussi de précieuses traditions poétiques enfouies, et des sources d'abondance pour l'avenir.

Le vieil empire universel, aux deux personnifications souveraines unies par un contrat médiateur, dont la rupture a produit de si lamentables discordes, l'empire carlovingien, renouvelé il y a cinquante ans par une force conquérante, et dont la *Cantica* du paradis nous retrace le type suprême, n'a peut-être pas épuisé ou révélé toute sa formule organisatrice? Ne semble-t-il pas se transformer lointainement, en une vaste association fédérale, par un dernier concordat entre les peuples et les pouvoirs, pour fonder le règne de la paix, qu'annonçait le *vates* de Florence (1)? Dante, je le répète, c'est l'Italie; et l'Italie, c'est la terre sacrée, à qui les sibylles ont légué leurs *divina carmina*, les Étrusques et les Pélages, le génie des arts et des conquêtes libérales, le sang de Virginie et des Gracques, le tribunat plébéien; c'est la table antique de notre droit législatif, la sculpturale voie européenne où siége la ville éternelle, la pierre angulaire de la civilisation, dont nous sommes les porte-lumière, si nous remplissons bien notre mandat social

Un mot maintenant sur la synthèse et la pensée du *Monde Dantesque*.

L'ouvrage que j'intitule ainsi est, en effet, tout un monde à dérouler ou a dévoiler, le musée physiolographique où revit le moyen âge, reconstruit et dessiné à grands traits, par figures et périodes, avec un nouveau chroniqueur, témoin et acteur central : Dante Alighieri ; avec une nouvelle histoire solennelle, sa Comédie surnommée Divine. Pour reconstituer sûrement son monde, j'ai compulsé d'une main tous ses textes, en les traduisant selon la lettre et selon l'esprit; de l'autre main, je compulse tous les documents authentiques des annales qui servent à les compléter.

Le chantre de la *monarchie* et de la *rectitude* (2) me paraît certes une autorité égale à celle de Villani, de Mathieu Paris, d'Othon de Freisingen, de Platine, j'oserai dire de Tacite et de Bossuet, les grands historiens moralistes; suffira-t-il vraiment de l'envisager toujours au point de vue théologi-

(1) « Pour parvenir à son but (la félicité spirituelle et temporelle), le genre humain doit vivre libre et en paix... Ce bien, préférable entre tous les biens, (la paix,) s'acquiert le plus excellemment par la justice, et la justice a, pour principe le plus excellent, la charité... La paix universelle (*pax universalis*), voilà donc la perfection, la dernière fin vers laquelle le genre humain se dirige, en accomplissant sa loi. » *Monarchia*, liv. 1, chap. vi et xiii, — liv. III, chap. final.

(2) Dante est surtout connu parmi nous comme chantre de Béatrice ou de l'amour, selon le sens usuel. Mais, on l'a trop oublié, il se déclare lui-même en outre positivement comme nous le qualifions, et tous ces termes, amour, monarchie, rectitude, ont chez lui le sens le plus élevé, avec des significations spéciales et multiples. La puissance, la sagesse et l'amour, sont les trois inspirateurs ou constructeurs de son monument épique et de tout ordre parfait. (Voyez son épitaphe latine : *Jura monarchiæ cecini*, le chap. iii du 2e livre de la *Langue vulgaire*, et l'inscription de la porte *del Inferno*).

que ou littéraire, scientifique ou romanesque, pour en apprécier le sens, la valeur et la portée? Quoi! avec des chroniques anonymes, avec des chartes et des inscriptions obscures, avec les moindres fragment spédantesques, les plus graves académiciens restaurent des législations, composent des fastes; et l'on ne compterait pas historiquement cette monumentale encyclopédie, cette théodicée catholique dont les sentences passèrent pour des arrêts divins? Presque tous les historiens modernes le citent et le commentent forcément à l'improviste, parce qu'ils le rencontrent sans cesse, comme un dieu révélateur ou un sphinx emblématique, au cœur de sa période et au frontispice de la nôtre. Ses leçons et ses allégories, que la foule passe, en faisant la moue, pour courir aux cercles de Françoise et d'Ugolin, sont-elles de vaines fictions harmoniques et rhétoricales, semblables aux carrés magiques de l'astrologie bohémienne (1)? ses énigmes n'enferment-elles pas les problèmes des âges, autant que ceux de la vie et de l'éternité? C'est la question, comme dit Hamlet.

Laissons nos fétichismes et nos vieilles routines, qui nous font obstinément crier haro sur l'étrange et sur le vrai beau incompris, nous si faciles au clinquant des nouveautés menteuses; laissons nos ornières sacramentelles qui nous ont fait longtemps repousser le *barbare* de l'Arno comme celui de la Tamise, et nous en voilent encore les parties les plus fondamentales. Laissons un moment la science des académies, des universités, des écoles dites littéraires, et la fausse clef mystagogique des prétendus *voyants*. Elles n'ont pu nous ouvrir franchement ce sanctuaire, où réside la divinité cachée, comme l'appelait justement Voltaire dans sa raillerie, le Sphinx italien dont bien peu entendent les oracles, quoi qu'un plus grand nombre le lise, l'invoque et l'admire extatiquement aujourd'hui. Est-ce l'entendre que de le juger et de le traduire, comme on le fait quotidiennement depuis trente années, parce qu'on possède plus ou moins sa langue littérale et ses formules artistiques, ou quelques-uns de ses types et de ses aspects, sans connaître à fond toutes ses œuvres, ses principes, ses personnages, sa période, son *arte incognita*, son art mystérieux (2)? Par une des fatalités anormales, dont notre an-

(1) Le grand philosophe, dans sa poétique où il prescrit aux diseurs en rimes de suivre les doctrines des anciens maîtres, pour les égaler, en traitant des sujets nouveaux, appelle textuellement des oies, qui ne doivent pas imiter le vol de l'aigle, *anseres*, ceux qui versifient ainsi, *che rimano stoltamente*, par images creuses, avec leur seul génie naturel, sans la science et l'idée morale, *sanza ragione*. Comment aurait-il nommé ceux qui le jugent et l'expliquent de la sorte? (Voyez sa *Vita nuova*, parallèle entre les versificateurs latins et les poëtes en langue vulgaire, l'ouvrage précité de *Vulgari eloquio*, liv. II, ch. iv, et l'explication de son langage figuré ou de l'enseignement allégorique des chantres primitifs. *Banquet*, 1er chap., liv. II. — Vol. 1, 6 et 5 de notre trad.)

(2) Nous avons signalé, à la fin de notre édition populaire de la *Divine Comédie*, les causes normales de ses énigmes ou obscurités, dont la plus évidente est le défaut de notions exactes sur ses perpétuelles allusions historiques et figures abruptes, ainsi que le génie complexe de la langue dantesque, non tout à fait conforme, quoique profondément italique, à celle de l'académie de la *Crusca*, ni à aucun des dialectes modernes usuels. Aussi l'historien Cesare Cantu s'écrie véridiquement, dans un accès de mauvais humeur contre le grand *Padre Polisenso :* « un Italien

cien législateur poétique, nommé roi de l'école du bon sens, a consacré l'illo-
gisme pour son immortelle balourdise, l'immense courant des études classiques nous avait divulgué le monde homérique et romain, le monde païen,
non celui-là baptisé comme nous ; celui-là, dont les plus récents explorateurs
nous ont à peine montré l'archéologie et la statistique pittoresques : Babel
infinie et indéchiffrable, avec ses hiérarchies et ses corporations, avec ses
réalistes et ses nominaux, avec ses gibelins et ses guelfes, ses moines et ses
fous, ses patarins et ses alchimistes, ses *fidèles d'amour* et ses confréries de
la mort.

La *Divine Comédie*, son monument intellectuel le plus expressif, la *Divine
Comédie* expliquée par l'histoire, et l'histoire éclairée par la *Divine Comédie*,
en les contrôlant l'une par l'autre, voilà littéralement notre entreprise actuelle, la clef bien simple que nous mettons dans les mains de chacun ; car
nous venons l'accomplir, avec un cœur droit et hardi, notre plus grand savoir, avec son but intégral d'enseignement, selon notre époque, pour tous les
lecteurs lettrés ou illettrés ; comme l'épopée fut écrite par son auteur militant, selon la sienne, comme l'expliquait sans nul doute le religieux qui la
commentait, l'année 1440, dans l'église de Santa-Maria del Fiore, devant un
tableau de l'*Enfer ;* comme elle fut comprise par ses vrais et judicieux interprètes.

même est forcé de l'étudier comme un livre étranger. » Quand on voit les savants nationaux c
européens ne pouvoir entendre son épopée depuis cinq siècles, sans mille controverses, et ses
explicites avertissements réitérés à ses interprètes futurs, on est stupéfié d'un si long aveugle-
ment dans les méthodes superficielles suivies à son égard, selon la scolastique littéraire adoptée
envers tous les anciens monuments poétiques analogues.

Qu'on ne s'y méprenne pas toutefois, nous avons d'abord aimé Dante uniquement par la
poésie, notre première et toujours affectionnée muse, temporairement vouée à sa divulga-
tion complète ; nous ne voulons donc pas déprécier ses inimitables beautés plastiques, dont
notre traduction imparfaite a déjà mis en lumière d'assez nombreuses, que nos devanciers
n'avaient ni reproduites ni indiquées. Nous comptons bien plutôt les faire mieux sentir,
en les exposant selon leur sens interne, rationnel et humain. Le fétichisme aveugle de la
ettre brute ne nuit pas moins à sa pleine intelligence que la rhétorique voltairienne et les
soi disant *belles infidelles*. Au surplus, nous n'espérons guère convertir ceux dont nous in-
firmons les errements et les idées ; nous parlons ici pour les lecteurs désintéressés et pour les
sincères amis du progrès, dont les témoignages nous ont suffisamment affermi dans notre volet
depuis notre début.

DANTE

POÈTE HISTORIEN, PUBLICISTE ET LÉGISLATEUR.

FAUSSES OPINIONS MODERNES.

Vico l'a dit bien avant nous, Vico, l'auteur de la *Scienza nuova,* l'un des penseurs profonds qui meurent pauvres, presque ignorés, et dont les intuitions prophétiques illuminent les siècles. Les monuments littéraires des époques primitives et croyantes, appelées barbares encore, à l'heure où elles se civilisent, sont des histoires véridiques, « car les poëtes ne chantent alors, dans leur franchise naïve, *que des choses véritables,* et la réflexion appliquée au mal est la mère unique du mensonge. Homère fut le premier historien du paganisme. Ennius, qui a célébré les guerres puniques, a été incontestablement le premier historien des Romains ; de même, notre Dante est le premier ou l'un des premiers historiens de l'Italie. Dante est l'Homère, ou, si l'on veut, l'Ennius du christianisme. Ses allégories contiennent des instructions morales, des exemples profitables pour le lecteur. Une seule chose appartient au poëte, c'est d'avoir placé les morts, selon leur mérite, dans l'enfer, dans le purgatoire et dans le paradis. » La seule chose, c'est le jugement de Dieu, le classement distributif ; c'est la doctrine, l'objet final.

Si les poëmes d'Ennius ne nous sont malheureusement point parvenus, la Pharsale, à quelques égards, remplit assez le parallèle. Lucain chantait les guerres civiles de la Rome républicaine en dissolution, comme Dante raconte sous d'autres figures les guerres terribles de l'Italie papale, baptisées par deux factions célèbres : les Guelfes et les Gibelins. Des biographes assurent qu'il avait composé leur histoire, également perdue. Il a dû en avoir au moins le projet, car c'était le commentaire le plus direct de son épopée, traversée par leurs sombres et sanglantes tragédies. Quel regret irréparable ! Mesurez dans le poëte l'historien. Au lieu d'une colère funeste ou d'ambitions meurtrières, il chante, lui, la monarchie providentielle qui régit la création et les êtres, la réhabilitation de l'homme déchu par la science et la douleur, les choses et les mystères dont l'Odyssée et l'Enéide avaient déjà ouvert les portes. Ces monuments sont des histoires complètes, qui contiennent le réel et l'idéal, la légende et la chronique, la philosophie et la cosmologie, l'humain et le divin ; notamment celui dont nous parlons, où la satire plus profonde exprime plus à nu la lutte du bien et du mal, c'est-à-dire véritablement la divine comédie : mystère et moralité, selon le vieux terme caractéristique.

Voilà pourquoi la poésie, dans sa puissance généralisatrice, comme l'a écrit un ancien, le maître *de ceux qui savent,* est plus philosophique et plus grave que l'histoire simple, astreinte aux réalités particulières.

Vers les époques postérieures et sceptiques seulement, la réflexion, par degrés appliquée au mal, produit les poétiques de convention, les jeux d'érudition, de style et d'esprit dont s'émerveillent les âmes blasées, puis la littérature d'industrialisme, de corruption et de mensonge, triomphante et acclamée dans ses Arétins, pendant les misères et les agonies des fidèles disciples de l'autre, la véridique et la sainte. On appelle ces époques des siècles civilisés, les siècles de la raison et de l'art, derniers dieux des peuples dont les croyances vont mourir.

Or, si nous n'avons plus la foi, tâchons d'avoir au moins la rectitude. Il serait l'heure de répudier les thèses oratoires et les hypothèses vaines; l'heure de chercher dans les temps et dans les livres leurs véritables éléments constitutifs, dans le beau, le vrai dont il est la splendeur, dans les faits des conclusions applicables; l'heure de savoir enfin tout ce que signifient et ces énigmatiques allégories éternellement controversées, et ces allusions ardentes, et cette histoire guelfe-gibeline, et cette fantasmagorie surnaturelle, et ces vers gravés comme une inscription hiéroglyphique dans le sanctuaire infernal :

> *O voi ch' avete gl' intelletti sani,*
> *Mirate la dottrina che s'asconde*
> *Sotto il velame degli versi strani.*

> Vous qui avez les facultés saines,
> Découvrez la doctrine qui se cache
> Sous le voile deces vers étranges. (Enf. ch. ıx.)

Doctrine hérétique, socialiste et révolutionnaire ! Franc-maçonnerie albigeoise, voilée sous un masque et sous une croix ! murmurent sourdement des commentateurs plus aiguisés, en signalant les passages marqués en rouge par le saint Office (1), les satires dardantes contre les papes. Rassurez-vous. Les papes eux-mêmes ont protégé la grande œuvre, et le poëte se tient debout, glorieux au Vatican, parmi les gloires de la foi, comme au vieux palais communal, parmi les anciens de la cité, au-dessous d'un pape français. On a pareillement mis en suspicion, calomnié, torturé, souvent, hélas ! les révélateurs hardis, les penseurs libres, les plus saints docteurs, tous ceux qui franchissent les barrières communes, pour s'aventurer dans les régions souterraines d'un facile accès, mais où habitent en effet le vertige, les visions trompeuses, les furies subversives, monde aveugle où l'on s'égare sans jamais revoir la douce lumière, si l'on n'a pas un flambeau sûr, et une sincère charité : *Caritas amoris*, la charité de l'amour.

Les haines et les calomnies ne sont pas neuves, contre tout ce qui s'élève et marche droit. Jeune, quand sa renommée naissante et ses principes progressistes désignaient le poëte *missore* au prieurat, il sauve un enfant qui se noyait dans un baptistère, et on l'accuse perfidement de sacrilége, parce qu'il

---

(1) *Dante hérétique, socialiste et révolutionnaire*, révélations d'un catholique, par M. Aroux, 1853, thèse reproduite d'un commentateur italien moderne, M. Rosetti, et des *index* inquisitoriaux. (Voy. dans notre *Monde dantesque*, 1er livre, la biogr. de Jean XXII, et l'Appendice général.

a brisé l'un des coins du marbre sacré pour un tel acte charitable (1). Homme public, il veut refréner les partis extrêmes, les noirs et les blancs, pour établir la paix dans Florence, et les *Barattieri*, les renégats, les concussionnaires, improvisés magistrats par le traître Valois, jettent au banni les noms de traître et de barateur, dans une sentence grossière, parce qu'il s'est opposé à l'entrée néfaste d'un prince caméléon. Dépouillé de tout, il veut enseigner, sans ménager personne, grands ni petits, la voie du salut au genre humain, et ceux-ci, même après cinq siècles, l'appellent hérétique, impie, révolutionnaire; ceux-là, monarchiste, aristocrate, fanatique (2). Et sa plus forte défense dans l'opinion commune, indifférente ou moitié ignorante là-dessus, il faut bien l'avouer, ce sont uniquement ses beaux vers, ses pathétiques récits.

Non! notre historien, notre guide, quoiqu'il emploie un langage symbolique, usité alors comme chez les anciens, et participe aux erreurs, aux passions temporaires, n'est pas un sectaire masqué de l'*aquatofana*, un homme à double visage; mais ce n'est pas non plus, comme l'ont présenté d'illustres professeurs, dans leurs cours ingénieux et doctes, un simple poëte à l'imagination puissante, façonné selon nos types modernes, parlant le langage des dieux, accidentellement imbu de la théologie et du scolastisme, où il *étale son savoir* (3); un éternel amant platonique de mademoiselle Béatrice Portinari, devenue et morte madame di Bardi, ni un poëte théologien orthodoxe ou rationaliste, adiré par des anomalies politiques et doctrinales, entraîné par les circonstances dans des variations extrêmes. Ce n'est pas davantage un philosophe spéculatif, discourant à loisir sous les beaux ombrages académiques, dissertant sur la sagesse et la vertu, les pieds contre ses chenets; moins encore un de ces magnifiques baladins qui dansent sur la phrase ou sur la rime pour captiver banalement les suffrages vulgaires, conquérir la fortune avec les honneurs, et déifier ici-bas leur *moi*.

Ouvrez et lisez. Je cite ses propres paroles et les faits péremptoires; chaque ligne, chaque fait l'attestent. Le poëte publiciste, le soldat de Campaldino, dont les citadins et les paysans chantaient les canzones, le prieur de la république florentine, le disciple maître baptisé par notre grande Université du xiii⁰ siècle, le fondateur populaire de la langue italique et de la poétique rénovatrice, le proscrit condamné au feu pendant sa vie et après sa mort, le

(1) Nous avons déjà rétabli, avec plusieurs autres inaperçus, ce fait caractéristique dans la biographie de Dante, où il n'avait figuré ni chez les anciens ni chez les modernes biographes, quoiqu'il fût nettement spécifié par le poëte dans sa *Divina Commedia*. (Voyez le ch. xix de l'*Enfer*, et notre *Vie de Dante*, vol. XIII de la nouvelle biographie générale publiée par F. Didot.)

(2) *La Vérité à propos des œuvres posthumes de Lamennais*, récente brochure dont l'auteur, M. Barbet, son ami, très-consciencieusement, nous n'en doutons pas, a jugé, comme le célèbre écrivain, sur des traditions erronées, quelques aspects ou termes mal approfondis.

(3) Telles sont les expressions et opinions émises notamment par deux doctes esprits, si lumineux d'ailleurs sur d'autres points, G. Schlegel, dans sa réponse à M. Rosetti touchant les doctrines de Dante (*Revue des Deux Mondes*, août 1836), et Fauriel, dans ses étud. dantesq. orig. de la *Langue et de la littér., ital.*, 1ᵉʳ vol.).—Voy. ci-après, p. xx, notre citation de M. Michelet.

pélerin *quasi-mendiant* dont le monde est la patrie, le chef des douze trahi dans toutes ses espérances, le flagellateur de la Louve traqué par les factions et par l'inquisition, joua un rôle politique notable dans son temps. L'ardeur de ses haines et de ses imprécations égale l'ardeur de ses affections et de ses souffrances, l'ardeur de ses utopies méditées entre la faim et le bûcher, sous les voûtes des palais au dur escalier, sous les arceaux des cloîtres, dans tous les lieux déserts qui conservent son ineffaçable empreinte, sur toutes les rives étrangères où le pousse le *vent aride que souffle la douloureuse pauvreté, la dolorosa povertà.*

Ces principes invariables, qu'il n'a pu réaliser ni voir triompher, pour lesquels il répudie hautement tous les partis (1) souillés dans le sang et dans la fange, il les a jetés comme des semences dans ses écrits, éclipsés par intervalles, et d'où leurs rayons jaillissent à leur heure ; car il écrivait, en prose et en vers, pour enseigner les voies de la terre autant que celles du ciel, l'ordre social chrétien, selon les doctrines dont il fut l'apôtre, le bon Etat proclamé quarante ans après, notez bien ceci, par un tribun plébéien, ami de Pétrarque (2).

La mission législatrice n'appartenait même pas au poëte seul ; il l'avait reçue et transmise fidèlement par les traditions antérieures et contemporaines, par diverses filiations très-reconnaissables, désignées dans un tableau allégorique où les fils d'or lumineux tombaient de la bouche des anciens maîtres, des patriarches et des pères sur la tête des jeunes docteurs, tels que les réfléchissaient tous les esprits et tous les monuments : les anges, les gorgones et les vouivres ; voilà les doctrines dont sa trilogie est la charte séculaire. Sans invoquer l'Évangile albigeois, je n'aurais, pour mieux le prouver, qu'à citer, avec Vico, les éminents scolastiques, mystiques et cabalistes du catholicisme, ses initiateurs ou coadjuteurs, des évêques, des magistrats,

---

(1) *Paradis*, ch. XVII, 22ᵉ tercet. — Les significatives expressions ci-dessus sont tirées du *Banquet*, liv. I, chap. III, et nous empruntons à la *Langue vulgaire*, 1ᵉʳ liv. ch. VI, le début de la profession de foi humanitaire du poëte sur sa *Patrie-Monde*. Citons seulement ici, entre cinquante exemples, pour les doctes, les sceptiques et les fantaisistes, les passages textuels qui basent catégoriquement nos énonciations et rendent toute controverse impossible désormais sur ces points capitaux. *Extraits de la lettre explicative et dédicatoire de Dante à Can le Grand touchant sa comédie.* « Ad evidentiam itaque dicendorum sciendum est, quod istius operis non est simplex sensus, immo dici potest polysensuum, hoc est plurium sensuum (duplex et triplex, litteralis, allegoricus sive moralis, anagogicus sive spiritualis). — Forma tractandi est comœdiæ genus. (Villanus cantus.) Quia locutio vulgaris, in quâ et mulierculæ communicant. (C'est-à-dire, locutio veridica et omnibus, non alta et sacra.) — Genus philosophiæ. Quia non ad speculandum, sed ad opus inventum est totum. Hoc, non est gratia speculativi negotii, sed gratiâ operis. (Practici). — Quod finis totius et partis est, removere viventes *in hac vitâ* de statu miseriæ, et perducere ad statum felicitatis. (Voyez les développements dans les ouvrages précités, et ultérieurement notre exposé synthétique des doctrines de l'Homère toscan.

(2) *Rienzi*, nommé ci-après.—Voy. aussi dans *la Monarchie*, livre I, ch. VII et suiv., — dans *la Langue vulgaire*, même livre, chap. IV, cette expression caractéristique familière à Dante, *Bene esse mundi*, le bien-être du monde, le bon état universel, dont il fait le fondement rigoureux et le but de la vie civile comme de l'empire, selon sa doctrine sociale. *Banquet*, 4ᵉ livre, ch. V.

*

de hauts dignitaires, toute la pléiade constellée dans son firmament terrestre, dans ses ouvrages : un philosophe, un saint et un empereur à leur
tête (1) ; puis, les illustres représentants de l'École platonicienne italique, où
figurèrent Pic de la Mirandole, Ange Politien et Machiavel, ses commentateurs ou continuateurs directs par la parole et par la peinture, les académiciens de Careggi et les Giotteschi, les dantesques (2).

Un de ceux-là, Marsile Ficin, l'ami de Savonarole, insère en tête de sa traduction italienne *de la Monarchie* une définition non moins remarquable, qui
complète notre démonstration : « Nous trouvons trois règnes écrits par notre
très-exact conducteur Platon : un règne des bienheureux, l'autre des malheureux, et le troisième des voyageurs. Il appelle heureux ceux qui sont ré-
tablis dans la ville de la vie ; malheureux ceux qui en sont pour toujours
exclus ; voyageurs, ceux qui sont hors de cette ville, mais non pas condamnés à un exil éternel. Dans le troisième ordre, il place tous les hommes
vivants, et parmi les morts, ceux qui sont condamnés à une punition tem-
poraire. Virgile a suivi le premier cet ordre platonique. Dante l'a suivi ensuite, en buvant avec le même vase que Virgile aux mêmes sources. » On
voit visiblement à quoi correspondent les trois royaumes, et pourquoi Dante
est descendu, comme le Christ, dans celui des malheureux. Son traité spécial de ce nom explique philosophiquement ce qu'il entend par le royaume
des vivants, par cette monarchie dont son épopée glorifie le type divin, et dont
la conclusion temporelle souleva l'excommunication d'un cardinal, assez
welche pour vouloir faire arracher ses os expatriés de l'église où les gardaient
pieusement contre l'anathème les Franciscains, autres disciples d'un autre
chantre d'amour.

Cet ordre traditionnel et rêvé, ces doctrines séraphiques brillant au
milieu des glaives, ces utopies bizarres, si l'on veut, mais qui ont agité
les peuples, qui les agitent encore aujourd'hui sous d'autres noms, nous
ne saurions les traiter au vol comme nos beaux esprits... Nous les ré-
sumerons à leur place, avec les textes justificatifs. Que dis-je ? Nous allons
les voir se développer, avec les faits, dans le monde où leur prophète va nous
conduire : le monde historique et humain, qu'on le sache clairement, car
nous quittons les nuages et les chimères, les hyperboles et les métaphores.
Nous entrons dans le monde de la chair et du sang, des passions et des idées,
dont les faits sont les produits et les symptômes. L'enfer, le purgatoire et le
paradis n'en offrent que les miroirs éclatants et les grandes assises.

(1) Aristote, *il maestro di color che sanno*, saint Thomas, et Frédéric II.
(2) Nommons à leur suite, parmi les modernes commentateurs, éclairés de leur lumière, le
juriscons. Gravina, et Ugo Foscolo, quoiqu'un peu aventureux dans ses conjectures. L'illustre
auteur du *Génie du christianisme*, qui du reste a rectifié depuis son premier jugement, y a tout
à fait méconnu, chose étrange, l'épopée catholique comme l'antiquité. Le relevé des grosses ba-
lourdises solennellement débitées là-dessus offrirait un tableau édifiant. Nous-même, malgré
notre réserve, avant de connaître tout Dante par nos yeux, nous en avons émis quelques-unes
touchant sa politique et ses amours, sur la foi des *autorités* vulgaires, Boccace compris.

PLAN SOMMAIRE DU MONDE DANTESQUE.

Notre cadre précis, le voilà. Ce monde compte historiquement trois personnifications principales, correspondantes à ses trois phases majeures : Charlemagne, l'empereur à la triple couronne, le saint chevalier de l'unité européenne, le restaurateur des lois, des lettres et de l'Église ; Frédéric de Hohenstaufen, le législateur de l'empire italico-romano-germain, le haut patron de la politique gibeline, de la philosophie rationaliste et de la poésie ou doctrine d'amour, incontestablement adoptées par Dante sous certaines réserves ; Rienzi, le zélateur de la république romaine et l'espoir de la nationalité italique, le tribun du peuple, le chevalier du Saint-Empire et du Saint-Esprit, comme il s'intitulait à la fois, selon la triple formule agissante. Tous trois représentaient une idée ou une organisation qui n'a pu s'établir ; nos études en apprendront les bases, les conséquences, la solution.

Intellectuellement, ce monde, dont la *divine Comédie* marque la période centrale (1), commence à saint Jean, l'auteur de l'Apocalypse, le patron avoué ou occulte des nombreuses associations orthodoxes ou hérétiques, ses puissances actives, et finit à Rabelais, l'autre philosophe satirique, l'autre représentant du bien vivre, suivant un système opposé dont on n'a peut-être pas plus le sens complet que celui des deux premiers. Tous trois ont parlé le langage figuré, souvent sur les mêmes sujets, dans des termes analogues, comme s'ils jouaient un même drame (2). Qu'est-il ce moine bouffon, qui semble clore le monachisme comme don Quichotte la chevalerie, et paraphrase en ricanant tous ses devanciers? sinon le triple parodiste du logos, de l'entéléchie et de l'apocalyptisme, l'incarnation vivante et railleuse des difformités du passé, le dernier flagellateur de la grande prostituée. N'y a-t-il pas une leçon frappante rien que dans ce trilogique tableau : le commencement, le milieu et la fin ? O verbe céleste ! O logique inexorable ! Rabelais, Léon X, le *Divus Aretinus*. Quelle fin pour une renaissance ! et quelle contrepartie au grand trio des croyants : Colomb, Michel-Ange, Galilée.

Les sociétés et les sciences dites occultes, une de leurs branches léguée

(1) Un prof. regretté, M. Ch. Labitte, dans une étude très-intéressante sur ses origines, au point de vue littéraire et légendaire, méconnaît à la fois ses hautes sources bibliques et son côté réformiste ou rabelaisien, comme le grave Sismondi nie l'importance et le côté politiques du poëte. Nous avons répondu au dernier par deux autorités plus fortes : Machiavel et les faits. (V. notre *Vie de Dante.*)

(2) Voyez, dans notre galerie pontificale, les anti-papes et les théoploutocrates, page 25, et plus loin la biogr. de Clément V. (Voy. aussi, pour l'enteléchie ou dame Quintessence, Rabelais, le *Pantagruel*, liv. v, chap. x.)—Comme complément à la présente introduction et à notre biographie antérieure, nous publierons prochainement une brève exégèse fondamentale, destinée à prendre place en tête du 2e livre et intitulée : DANTE RÉTABLI DANS LA VÉRITÉ DE SES DOCTRINES.

par l'antiquité orientale, c'est là encore une de nos convictions acquises, ont exercé une immense action latente, particulièrement dans la période dont nous parlons, et l'on ne saurait écrire son histoire sérieuse sans interpréter les éléments qui la remplissent, et la relient aux âges primitifs comme au XIXᵉ siècle. On a laissé vulgairement à l'ombre, dans l'antiquité grecque et romaine, les côtés mystiques et souterrains, accidentels ou du moins très-éloignés : les choses des mystères. Mais ils planent, avec le mysticisme, sur toutes ces zones ; ils en sont l'âme et le corps ; ils sillonnent les palais, les cathédrales, les catacombes. Ils y arrivent, avec les figures égyptiennes, par les écoles byzantines ; ils en sortent, avec le triangle et la coupe, par la franc-maçonnerie et l'illuminisme ; tant qu'on n'aura pas leur clef, on n'aura pas tout le fil de notre marche. L'histoire occulte, la statistique des origines et des causes reste à édifier, à côté de l'histoire chronologique et officielle (1).

Cette clef, je ne la promets pas ; pourtant mon guide nous introduira dans des labyrinthes inexplorés. Je signale la voie aux découvreurs.

Debout, adolescents et vieillards ! sans chercher sous terre, levons les yeux. C'est l'ère de la chevalerie et des croisades, des grandes découvertes et de l'architecture sainte, l'aurore de la renaissance et de la pensée réformiste, le berceau d'où surgissent l'Amérique, l'imprimerie, la vapeur et la science nouvelle. Debout peintres, poètes et musiciens, la croix du Sud nous illumine. Notre conducteur est l'Homère de l'art nouveau. Ah ! ce n'est pas vainement que ses abîmes et ses syrènes attirent tant de jeunes têtes penchées, et que des âmes avides lui redemandent nos muses disparues ; elles dansent en chantant autour du char de sa déesse : « Ici bas nous sommes des nymphes, et là haut des étoiles (2). » C'est la foi, l'espérance et la charité. Avec Dante, nous retrouvons nos vraies origines, et la famille des trois branches latines glorifiées dans ses livres. Avec lui,

> Nous ne daterons plus de cet art poétique,
> Dont la *Henriada* fut le chef-d'œuvre épique.

car nous descendons de la chanson de Roland, des épopées carlovingiennes et des sirventes romanes, dont M. Fortoul aura eu l'honneur d'introniser la restauration officielle (3) ; de plus haut encore. Nous remontons à Gerbert,

---

(1) Nous n'entendons nullement contester ici les inappréciables services rendus chaque jour par les nouvelles publications historiques de tant d'esprits distingués, notamment par les trois investigateurs éminents qui ont renouvelé davantage la méthode et poussé le plus avant leurs utiles recherches en des voies diverses ; MM. Augustin Thierry, Michelet, Henri Martin. Il s'agit uniquement de certains points de vue et filons très-importants, négligés en général.

(2) *Purgatoire*, chant XXXII, cortége allégorique de Béatrice.

(3) La publication méthodique des vieux monuments de notre littérature nationale, récemment décrétée sur la proposition de ce ministre, restera comme un judicieux acte progressif et portera plus tard des fruits sérieux. Nos manuels classiques jusqu'ici ne faisaient guère commencer notre *Parnasse* qu'à Malherbe et au grand siècle, qui ne présente à nos yeux sous ce rapport qu'une

à Siger, à Pierre Abeilard et à Pierre Cardinal; au théâtre des mystères où vagissait le verbe géant de Molière et de Corneille, platement équarri depuis lors; aux vieux récits populaires harmonisés tour à tour dans les langues d'oc, d'oïl et de si ; aux merveilleuses triades et féeries gauloises, où s'inspira notre vierge libératrice, et dont le voyageur transalpin avait entendu les échos (1).

Italie et France ! voilà notre devise. Nous verrons apparaître dans ce monde gothique nos grandeurs nationales jumelles, nos héroïques paladins conduits avec *Cocciaguida* sous les bannières alliées de saint Louis et de Conrad III, nos flambeaux gallicans, nos maîtres universitaires et nos maîtres chanteurs, frères des maîtres ausoniens et des minnesingers, nos intrépides Normands, rois des deux îles anglo-saxonnes et des Deux-Siciles. Nous verrons comment nos deux nations furent séparées de leur noble sœur l'Allemagne, fatalement devenue la geôlière lombarde, et comment elles doivent se réconcilier ensemble avec les autres membres de la grande famille. J'essayerai de dire, chemin faisant, de quelles traditions, de quelles destinées Rome et Paris sont les dépositaires; quel rôle ont joué sur la scène occidentale, sur ce Campo-Santo italique, où toutes les races et toutes les civilisations ont déposé leurs empreintes, l'empire, la papauté, la république et la monarchie: ces quatre formes providentielles si passionnément débattues par leurs partisans exclusifs, éléments transformés de l'antiquité romaine et juive, dont le *Latium* fut le vaste polygone. Je dirai l'horreur du fanatisme et des supplices, les atrocités des factions et des tyrannies, les démences de la raison et les prophéties des fous. Je retracerai comment s'établit successivement le triple culte de la nature, de l'esprit et de l'art, tant profané par les perversions idolâtres, notre maître le sait bien, lui qui l'enseignait, à travers les ténèbres des luttes barbares et ditéennes.

La papauté ! cette autre clef de voûte, sur laquelle repose le moyen âge, et dont le poëte interpelle sans cesse les ministres, systématiquement classés dans ses trois royaumes , la papauté, dans sa période la plus grandiose et la plus orageuse, forme notre première galerie. Les guerres gibelines et guelfes, qui agitent l'épopée cyclique, où retentit leur *lamento stridente*, tournent autour d'elle ; c'était l'introduction nécessaire à notre Musée, les grands types du *Pandæmonium*. En écoutant ses terribles satires, n'oublions pas toutefois que les papes élus figureront plus tard, avec les docteurs et les fidèles, dans

éminente phase gréco-romaine greffée dans notre histoire. Déjà, sous l'influence d'un mouvement restaurateur encore combattu par quelques Mentors-Procustes, des professeurs arborent le drapeau de nos origines et de traditions plus larges (indiquons, entre autres, l'*Histore de la littérature française*, par M. Demogeot, les travaux de M. Paulin Paris sur notre époque gothique, et l'essai de Clef ou traduction littérale d'Homère, par M. Pierron, traducteur d'Eschyle.

(1) Voyez les anciens *Chants et Contes populaires de la Bretagne*, recueillis par M. de Villemarqué ; — le *Mystère des Bardes de l'île de la Grande-Bretagne*, tercets ou triades gailiques, publiés par M. Ad. Pictet; — l'*Histoire de France*, origines, par M. H. Martin ; — la *Langue vulgaire* de Dante, liv. I, ch. x, où il compare les 3 idiomes et cite les merveil. avent. du roi Artus.

les pléiades paradisales où luit l'Église primitive. Patience, amants des mystiques beautés et des touchants épisodes, je vous réserve votre festin.

Jeunes femmes et doctes convives, petit troupeau qui vous plaisez à scander *la terza rima*, sur ses trois modes ascendants, effarés, plaintifs, ineffables, ne vous arrêtez pas, comme des écervelés, devant le son et la couleur. Il y a là dedans bien des âmes torturées. A travers ces drames demi-fantastiques, nous chercherons pourquoi pleurent ses harmonies et chantent ses désespoirs. Et vous, chercheurs avides des tragiques aventures, des amours désordonnées, amants de l'horrible et du grotesque, escortez patiemment notre guide. Je vous promets, en récompense, un miroir auprès de qui les Gorgones seraient belles ; je vous montrerai toutes les larmes et tout le sang, tout le mal, amoncelés dans l'univers.

Une telle histoire, on le conçoit, ne suit pas la méthode ordinaire. Elle se divise en classifications, en cercles et en groupes, comme le monde épopée, son archétype, dont elle parcourra et dévoilera toutes les faces. Leur cosmos ou tableau scientifique n'offrira pas une des monographies les moins extraordinaires et les moins instructives. Celui tracé par le savant Humbold n'embrasse que la création matérielle, la première des trois. Nous débutons aussi pour la plus grande clarté, par le certain et le connu, suivant le précepte antique recommandé par le maître, avant de passer à l'idéal et à l'inconnu ; nous bâtissons sur le réel et l'humain, seuls fondements solides pour atteindre le reste, comme l'alphabet mène l'enfant à l'échelle des êtres et à celle de Jacob, c'est-à-dire aux arcanes universaux.

Quant à la forme que nous avons adoptée, la biographie et la monographie, voulant instruire et vulgariser, elle était la plus simple, la plus propre à la concision nécessaire, et la marche du maître, le souverain topographe et psycologue, notre conducteur, nous la conseillait pour le suivre fidèlement dans ses innombrables labyrinthes ; elle met le mieux en scène vivante, avec leur génie et leur pittoresque, avec leurs passions et leur structure, les personnages et les lieux. — Suivant l'ordre naturel, chaque groupe distinct, chaque série ou livre, constituera un tout complet, de façon à satisfaire et porter son fruit, sans attendre le travail final.

D'ailleurs, nous l'avons exprimé, tout en prenant le poëte florentin pour guide, comme il choisit Virgile sans adopter sa religion (notre tâche excuse le parallèle), tout en poursuivant le même but, nous ne sommes pas son disciple aveugle, son panégyriste. Les points de vue ont changé, ainsi que les formules, ou elles ont revêtu de nouveaux sens ; la raison et la foi ont acquis des clartés nouvelles, rencontré de nouveaux problèmes. Étranger aux partis et aux écoles, comme à toute idolâtrie, ce dont nous n'ignorons pas les conséquences terrestres, nous cherchons uniquement, inflexiblement, la vérité. Car la vérité, c'est la lumière, c'est le salut public, c'est la loi de Dieu : la vraie Lucie-Béatrice, dont l'autre n'est que l'emblème.

Mais la vérité, dans notre monde fini et mobile, gravite éternellement avec le genre humain, sous mille figures successives, par des phases lumineuses ou sanglantes, vers son centre infini ; tantôt muse sublime, tantôt reine théologale, tantôt déité civique, elle a ses apôtres et ses martyrs, comme ses faux prophètes ; les érecteurs de colonnes herculéennes, quels qu'ils soient, n'arrêteront pas sa marche, ni les artisans d'idoles éphémères et de lugubres oubliettes. On nous permettra de reproduire, en terminant, une de nos anciennes paroles, applicables à notre grand proscrit et à plusieurs, avant ou après :

> . . . .
> . . . .
> Chaque siècle tourne une page
> Fermée au siècle précédent.
> L'un bénit ce que l'autre tue ;
> Celui-là souffle son flambeau.
> L'avenir dresse une statue
> A ceux qui n'ont pas de tombeau (1).

SÉB. RHÉAL DE CESENA.

1er octobre 1850.

TRAVAUX HISTORIQUES ANTÉRIEURS.

Après nos explications et développements, malgré les nombreuses études et publications dont l'Homère toscan a été l'objet, nous n'avons pas besoin de démontrer que nos travaux actuels ne ressemblent en rien, par le fond ni par la forme, aux travaux antérieurs. Un seul ouvrage italien, que nous nous faisons un devoir de signaler, offrirait quelque rapport avec le nôtre : le *Dizionario Istorico* de M. F. Arrivabène, l'auteur des *Amori di Dante e di Béatrice*, dictionnaire publié en 1827. C'est un fort utile recueil biographique des renseignements et des faits sommaires, consignés dans les précédents commentaires sur les personnages dantesques, et envisagés selon le texte littéral pour son éclaircissement : d'ailleurs sans cachet, ni méthode, ni autre but. Nous puisons à des sources plus directes, dont il ne s'enquiert généralement pas. Ainsi, même comme faits, il néglige la moitié des indications les plus indispensables. Pour en donner une idée, il contient à peine quelques lignes insignifiantes sur *Joachim de Flore*, une des *topazes du Paradis* et le précurseur ou l'inspirateur de l'*Evangile éternel*, dont l'influence et les sectaires ont produit alors une commotion si vive. Pour notre Siger, il s'en tient pareillement aux traditions fautives de Ginguené, de Biagioli, etc.; et chose moins excusable, il ne fournit aucune notion vraiment sérieuse sur le rôle historique des papes dantesques et des empereurs Gibelins, nouveaux Césars italiques, leurs puissants adversaires, ni sur les caractères les plus intimes des deux factions rivales, dont il ne paraît pas se douter. Cela lui est commun du reste avec la majorité des commentateurs et des traducteurs. (Voir notre Appendice général), fin du vol.

(1) *Les Chants du psalmiste*, poésies bibliques et nationales, 2e vol. 1843.

OPINIONS MENTIONNÉES DANS LA PAGE XII.

En 1300, l'œuvre la plus inspirée, la Divine Comédie passe, et n'a nulle action... le grand poëme théologique est renvoyé à l'école et à l'église, aux prédications du dimanche... dans son cours sur Dante, publié dernièrement par M. Mohl, M. Fauriel établit fort bien que le grand poëte théologien ne fut jamais populaire en Italie... Des Italiens de ce temps, qui étaient hommes d'affaires, et succédaient partout aux Juifs, ne retinrent du poëme que quelques vers satiriques. Du reste, la parfaite conformité de la théologie de Dante à celle de saint Thomas leur fit tout à fait oublier l'audace extraordinaire de la déification de la femme, d'une dame morte récemment, et que tout le monde connaissait. On sentit si peu la portée d'une telle nouveauté, qu'on fit des leçons dans les églises sur la Divine Comédie. L'Église enseigna gravement l'apothéose de madame de Portinari. M. Fauriel, avec un parfait bon sens, prouve qu'il ne s'agit nullement d'une allégorie, ni d'un mysticisme amoureux, mais très-positivement d'amour. (Michelet, *Histoire de la Renaissance*. Introduction, chapitre 9 et notes du chapitre). (Voyez dans l'Appendice ci-après le complément de notre réponse à ces hérésies historiques, gravement enseignées en plein xixe siècle.)

EXTRAITS ADDITIONNELS. — Paroles de Dante au poëte Buonagiunta. Purg., ch. xxiv. *Io mi son un che, quando — amore spira, noto, ed a quel modo — che detta dentro, vo significando.* Je suis un de ceux qui, lorsqu'amour inspire, écrivent, et je vais, symbolisant dans ce mode poétique, au langage intérieur. Trad. intégr. (littér. signifiant ou exprimant dans ce mode qui parle au poëtise en dedans.) Le langage allégorique des *diseurs* ou fidèles d'amour. — *Banquet*, liv. I, chap. II. « Ce livre démontre que ce n'est pas la passion, mais la vertu, *che non passione, ma virtù*, qui m'a inspiré (dans mes chants);..... nul si je ne le révèle, ne découvrira leur vrai sens, *la vera sentenzia di quelle*, car il se cache sous la figure de l'allégorie, *sotto figura d'allegoria...* » L'Église aurait donc pu enseigner logiquement, avec tous les premiers interprètes, l'amour épuré du pèlerin mortel pour la science divine, personnifiée dans Béatrice, comme celui du royal époux pour la mystique épouse du cantique de Salomon. Béatrice d'ailleurs ne personnifie pas seulement la théologie, dans sa signification triple.

En attendant notre dernière étude exégétique de ces figures et doctrines latentes, répétons-le bien : tous les grands poëtes du moyen âge ont des pages mineures et rudimentaires, trop négligées pour leur appréciation saine ; mais aucun n'a formulé, dans ses diverses œuvres, une aussi puissante et indivisible synthèse. — Action et pensée.

AVIS.

Notre édition illustrée des Œuvres complètes de Dante, commencée en 1843, étant épuisée dans la plupart de ses parties, elle sera prochainement réimprimée par souscription dans le même format, avec le *Monde Dantesque*, son complément, édition de bibliothèque à prix modéré. Cette édition européenne contiendra pour la première fois les textes italiens et latins en regard de la traduction française, avec les additions opportunes et toutes les explications historiques ou scientifiques nécessaires, sur un plan neuf. On peut s'inscrire dès aujourd'hui en s'adressant, par lettre *franco*, directement à l'auteur, chez le libraire-éditeur du présent ouvrage ; le prospectus, dès qu'il aura paru, sera envoyé aux personnes inscrites. (Voir la table).

APPENDICE A L'INTRODUCTION.

DANTE

RÉTABLI DANS SON APOTHÉOSE

PAR L'HISTOIRE ET PAR SES ŒUVRES.

Que le lecteur retienne bien ces trois noms, nouveaux pour la plupart, et souvent cités dans notre ouvrage actuel comme une de nos sources capitales : le *Banquet*, — la *Monarchie*, — la *Langue vulgaire* (1); trois âpres fruits de l'exil amer, trois ouvrages hâtivement composés, avec *la Divine Comédie*, entre les clameurs des partis fratricides ou dans les sauvages solitudes. Ils signifient la trinité terrestre pour laquelle chantait et combattait le poëte : l'unité de la doctrine, l'unité du gouvernement, l'unité de la langue, au triple point de vue humanitaire. Sous des termes caducs, dont le sens est aujourd'hui perdu ou pris à rebours, ils proclamaient les grands principes de la civilisation, au triple point de vue rationnel, scientifique et religieux : le génie caché dans le moyen âge et dans ses figures hiéroglyfiques.

Dante ! notre sphinx ! c'était là, avec *la Vie nouvelle*, son premier commentaire tracé par sa propre main, ses manifestes agitateurs d'où jaillissaient les éclairs et les tempêtes, ses fragments intimes, stupidement relégués parmi les vieux bouquins, comme on y a longtemps relégué le *Purgatoire* et le *Paradis* (2). Sous leur écorce scolastique, dont il faut briser l'enveloppe avec un studieux amour, palpite la grande âme du proscrit, comme l'oracle dans les flancs du chêne. *Deus ! ecce Deus !* le Dieu ! voici le Dieu ! — Non, voilà

(1) Ces trois traités forment les œuvres philosophiques et politiques de Dante, appelées par les Italiens *opere minori*, et dont on n'avait présenté jusqu'ici parmi nous que des citations fragmentaires ou de sèches analyses. L'auteur du *Monde Dantesque* vient d'en terminer la première traduction française, publiée dans son édition des œuvres complètes de l'Homère florentin, avec celle de la *Divina Commedia*, de la *Vita nuova* et des *Rime* ou Poésies amoureuses et sacrées. La traduction de la *Divina Commedia*, faite en prose rhythmique, dans une méthode littéraire vulgarisatrice et avec des indications neuves, a été mise à la portée de tous, par une seconde édition soigneusement revue, dans la collection populaire illustrée des chefs-d'œuvre européens. Mais, si on en excepte la *Vie nouvelle* ou livre d'amour, également vulgarisée par M. Delécluze, bien peu connaissent, même de nom, les autres ouvrages corollaires, grâce à certains mauvais vouloirs *obscurantistes* et à l'inintelligente direction de notre esprit public.

(2) *Les écailles de l'huître*, comme on les appelait en librairie et en pédantisme dilet-tante. Combien, et des plus doctes, même en Italie, sans soupçonner leur haute importance pour l'histoire scientifique et la littérature dantesque, ne traitent guère mieux ces écailles *des opere minori*. Tomaseo et Césare Balbo déclarent le *Banquet* un ouvrage très-infime, demi-extravagant; Cesare Cantu, dans son *Histoire universelle*, la *Langue vulgaire*, sans but intelligible; presque tous, la *Monarchie*, une déclamation hyperbolique pleine de non-sens, et parmi nous, l'aurait-on cru, Lamennais n'a pas reconnu en le traduisant, n'a pas interprété avec *l'os magna sonaturum* le vieux prophète, l'immortel satiriste, son aïeul dans la voie catholique. Un récent article a parfaitement indiqué leurs rapports, quoiqu'à plusieurs points de vue différents des nôtres. (Voy. le *Correspondant* du 25 Xbre 1855, *Dante et Lamennais*, par M. Léop. de Gaillard.)

l'homme ! j'y ai retrouvé quelque chose de plus précieux que des pages ad-
mirables et le langage artificiel appris par les muses : son autobiographie, la
clef de son histoire et de ses archives monumentales.

Les nouveaux interprètes (1), pour n'avoir pas ressaisi cette clef possédée
par les anciens, les traditions de la vieille science et de la foi, pour n'avoir
pas interrogé rationnellement ces textes, avec leurs corollaires indispensables, ont plus ou moins commis des contre-sens énormes, et, comme tous les
biographes, laissé des lacunes choquantes dans leurs appréciations générales
sur le guelfe-gibelin, sur son rôle personnel, sur son épopée. Sans avoir,
sinon la foi, les vraies traditions religieuses (2), expliquez donc un monde
religieux sa religion et ses apôtres.

Aussi, malgré notre vive sympathie ou plutôt à cause de notre sympathie
pour son zèle fervent du progrès, nous n'avons pu nous empêcher de protester
contre certaines assertions échappées à la plume de M. Michelet, dans le feu
de sa dernière campagne contre le *monstrueux moyen âge*. Nous n'aimons
certes pas plus que lui le servage abrutissant sous aucune forme, ni les rois et
les moines fainéants ni les moines brûleurs. Pourtant, lorsque nous en
rencontrons d'autres sur notre route, nous ne nous croyons pas le droit de
transposer symboliquement les dates ou les faits, pour attribuer au xvi⁰ siècle
rationaliste ce qui appartient essentiellement aux siècles *fidéistes*. Nous ne
sommes pas encore assez édifié non plus sur la Kabale pour savoir si l'éminent
écrivain est bien fondé à déclarer une niaise chimère toute la science astrolo-
gique et alchimique, dont s'occupèrent les grands esprits de cette époque, sans
parler du moine Roger Bacon. Mais, quand un historien grave s'en vient, ap-
puyant l'autorité officielle de son ex-collègue de l'Institut, affirmer que la
Divina Commedia, anti-populaire comme son auteur en Italie, n'a exercé
aucune action de 1300 à 1500, et que les Italiens, les Florentins, étaient alors
trop *hommes d'affaires*, *trop juifs*, pour en retenir autre chose que quelques
vers satiriques, à part les commentaires amoroso-théologiques débités dans
les sermons du dimanche, nous nous demandons où en est venu notre enseignement historique et littéraire.

Les Italiens de ce temps et du nôtre, l'Italie tout entière, se lèveraient pour lui
donner un démenti. Oui, l'Italie incarnée dans la *divine Comédie*, ses chroniqueurs contemporains ou rapprochés, les Villani, D. Compagni, Fr. Sachetti,
L. Bruni, tous les savants lettrés qui la commentèrent, le moine Boccace en tête,
dans les églises, alors les écoles et le forum des communes, du peuple entier (3) ;

(1) Nous désignons généralement ici les plus illustres et les plus cités en Europe depuis 1800,
tous ceux en un mot qui ont dirigé et personnifié les opinions régnantes, et qu'on peut classer
de la sorte : Les académiques, les poétistes ou littératurgistes, les universitaires, les dogmatistes.
Quant aux *rosettistes* ou inquisitoriaux, malgré le dédain superficiel dont les couvrent leurs
adversaires, ils touchent davantage, sinon juste, aux entrailles de la question.

(2) Ozanam, l'un des plus fervents interprètes dantesques, parmi les dogmatistes et parmi ceux
qui font autorité, possédait l'une et partie des autres. C'est pourquoi, s'il omet ou élude encore
bien des points importants, il est incontestablement le plus large et le plus vrai dans sa synthèse
de la philosophie catholique du xiii⁰ siècle et de son poëte. D'ailleurs nous ne procédons point par
les mêmes voies. L'éloquent professeur projetait un ouvrage capital, dont sa mort nous laisse le
regret : l'*Histoire littéraire*, du v⁰ au xiii⁰ siècle, avec Dante pour couronnement, et sa philosophie
catholique pour phare. Nous faisons ou projetons l'histoire *historique* et *synthétique*.

(3) Citons parmi les commentateurs publics : à Florence, Benven. d'Imola, Phil. Villani, Fr. Filelfi,
successeurs non interrompus de Boccace ; à Pise, Fr. da Buti, et autres ; à Plaisance, Ph. de Reggio,

les princes, les cardinaux, les plebéiens qui lui rendaient un culte égal ; que dis-je les pierres sacrées, les monuments, les palais, les cathédrales et les cimetières peuplés des images du poëte et de son épopée ; tous les Florentins qui assistaient en 1304 à la représentation nautique de l'Enfer sur le pont de la Caraïa, dont la foule accourue amena l'écroulement ; tous ces nobles et bourgeois, hommes d'affaires, mais artistes et guerriers, comme presque tous les ardents gibelins ou guelfes du monde italique, dont le chantre racontait les fastes ; les douze cent mille spectateurs qui battaient des mains, dans une fête donnée en 1450 par le grand Côme de Médicis, à l'éblouissant feu d'artifice où Barthol. Capolini fit le premier essai pyrotechnique de l'invention du moine Schwartz, par la représentation des trois tableaux de la trilogie nationale, comme si elle devait s'associer à chaque découverte ; tous les Florentins qui acclamaient, sous Laurent le Magnifique, en 1475, le couronnement du vieux Dante ressuscité dans le baptistère de l'église de San Giovanno (1), le beau baptistère où il avait si naïvement rêvé son triomphe pacifique sous les cheveux blancs ; tous ceux qui vers le même temps, où l'art nouveau inspirait la lumineuse académie platonique, allèrent solennellement recevoir en joyeuse députation un petit fils de cette famille royale par la royauté du génie, Leonardo Dante III, visitant sa bonne ville reconquise. D'après d'autres documents, des témoins se lèveraient aussi de notre vieille France, où les jongleurs venaient jouer des scènes de la *Commedia* et où nos libraires Lyonnais en éditaient le texte italien pour les Provençaux.

M. Michelet n'a qu'à fouiller dans les bibliothèques familières d'où sa main sagace extrait nos trésors, dans les archives de l'université où le doyen de l'a-

et ainsi à Venise, à Milan, à Bologne, à Vérone ; tous distingués en savoir, investis de charges honorables et nommés officiellement par les communes du xiiie au xve siècle. — Parmi les princes et les dignitaires de l'Eglise, Guido V qui déposa sur le tombeau du poëte, son hôte, le laurier triomphal ; le magnifique Médicis, qui présida le couronnement de son buste et composa un livre de poésie dans le mode de sa *Vita Nuova* ; l'archevêque de Milan, Visconti, qui élut pour commenter la Divine Comédie un conseil composé de deux théologiens, deux antiquaires, deux philosophes ; les deux cardinaux Domenico Corsi et Valenti Gonzaga, qui restaurèrent successivement le monument tumulaire élevé par le préteur de Ravenne, Bembo ; parmi les autres monuments et archives dantesques picturales, *Santa Maria* del Flore, Santa Croce, les deux merveilles florentines, le *Campo-Santo* de Pise, les fresques vaticanes, la cathédrale d'Orvieto, l'église des franciscains de Montefalco en Ombrie comme celle de Ravenne, et tous les lieux consacrés, depuis le siége de la place Saint-Jean, jusqu'au rocher alpestre de Tolmino ; et tous les peintres illustres, depuis Giotto, le frère nomade du pèlerin banni, jusqu'à Michel-Ange, sa deuxième incarnation. M. Michelet les sait aussi bien que nous, et nous renvoyons pour cela au charmant voyage dantesque de son collègue M. Ampère.

(1) C'est dans l'église de Saint-Jean que Dino Compagni, prieur, comme il le consigne lui-même dans son récit, convoque selon l'usage, tous les citoyens exaspérés, pour leur faire jurer la paix devant les fonts sacrés du baptistère où ils ont tous reçu le signe de la foi commune, et c'est dans l'église de Saint-Étienne que Corso Donati rassemble ses *consorti* ou parents, comme la chronique le rapporte, pour délibérer sur les mesures politiques à prendre dans l'intérêt de sa faction. Le docte académicien sait également toutes ces choses, intimement liées aux orages du rôle politique de Dante, et une inconcevable préoccupation lui fait seule confondre l'état des croyances de notre temps avec celles d'alors. Il ne sait pas moins que la déification de la femme n'était pas une nouveauté dans les derniers siècles de la chevalerie, car il a quelque part écrit de chaleureuses pages là-dessus. Quant à la notoriété de l'amour de Dante pour la fille de Folco Fortinari, que tout le monde avait connue, dit-il, Boccace, moins avancé, quoiqu'écrivant trente années après, et le plus proche de ceux qui en parlent avec détails précis, pour certifier la courte et pure existence de mademoiselle Bice ou Beatrice, invoque le témoignage d'une dame digne de foi, parente de la *Diva*, et qu'il ne nomme pas. Nous qui croyons, par sentiment comme par des inductions diverses, à la réalité de cette existence et de ce premier amour, transformés en plus hauts symboles, selon la doctrine platonicienne et mystique, nous serions charmés de rencontrer quelqu'un qui nous indiquât un seul témoignage direct, irréfragable à cet égard. Cela finirait bien des controverses.

cadémie des inscriptions et belles-lettres, M. Victor Leclerc, a retrouvé les titres
de noblesse d'un de leurs ancêtres immortalisé par un tercet du Paradis, Siger
de Brabant. Il y retrouvera peut-être encore la trace mystérieuse du jeune disciple de l'enseignement de la rue du Fouarre, du glorieux élève dont l'évêque
Jean Serravalle, dans son commentaire, nous a restitué l'honneur. Il y verra res-
plendir tous les rayons jumeaux de la montagne Sainte-Geneviève, la seconde
Rome, le fleuve lumineux où venaient s'abreuver toutes les intelligences de
l'univers, tous les grands docteurs que couronnait l'arc-en-ciel des facultés, la
raison et la foi, la science et la poésie, tristement séparées depuis en petits pris-
mes et en petites bulles d'orgueil. Il découvrira, sans nul doute, à leur dernière
irradiation, le docte public pour lequel Jacques Corbinelli publiait à Paris, en
1577, le premier texte latin original *de Vulgari eloquio*, dont l'Italie ne possédait qu'une traduction italienne, et cette haute philosophie sociale pratique,
mathématiquement synthétisée, si j'ose dire, qui donne au rationalisme politique et religieux du chantre de la rectitude une largeur devenue si rare. Le bon
abbé Grangier, auquel nous devons la première traduction française des merveilleux poëmes (toujours des hommes d'Église ! ce n'est pas ma faute), y si-
gnalait très-judicieusement ces vues profondes cachées sous la satire acerbe, en
offrant sa dédicace au roi Henri IV, l'autre utopiste de la paix universelle.

C'est surtout dans le XVIII⁰ siècle, après une renaissance et une réforme demi-
avortées, qu'à part quelques esprits, isolés comme Vico, on scinde ou on perd
universellement le double flambeau des vues humanitaires et des antiques traditions religieuses; que l'Italie anti-dantesque lit avec frénésie le *Décaméron*,
et pire, la *Puttana errante*, comme la France lit les *Dames galantes* et *la Pu-
celle ;* qu'on laisse le tombeau saint de Ravenne livré à toutes les profanations
comme une vieille masure, et qu'un littérateur émérite, Bettinelli, proclame,
comme Voltaire, deux épisodes, avec quelques tercets, seuls dignes d'être sau-
vés dans le monument intellectuel du moyen âge. C'est enfin sous l'empire de
cette renaissance anti-chrétienne, heureusement démentie en face par deux
classiques chefs-d'œuvre (1), que s'est promulguée la charte anti-poétique suivie
par tous nos encyclopédistes, dont je ne méconnais du reste ni le talent ni la
mission : *Le Parnasse idolâtre adorant de faux dieux*, comme les baptise notre
premier satirique moraliste, aiglon étouffé à l'hôpital; la charte qui a dénié
à l'art, pour des préceptes secondaires, les plus éclatantes gloires modernes,
les sources d'inspiration les plus sacrées, les croyances vivantes, et que des
continuateurs enseignent encore à notre jeunesse, avec des variantes plus ou
moins extérieures, par mille organes publics et en plein Collége de France.

Et dans notre siècle césaréen, tant exalté par ses remarquables progrès
mécaniques, dont j'admire les prodiges, tout en mesurant ses misères, si j'ou-
vrais la statistique des livres lucratifs, les plus repandus à l'usage du peuple,
et celle des livres plus ou moins excellents et utiles à divers titres, dont le
produit *n'a jamais pu nourrir ses auteurs*, serions-nous en progrès bien nota-
bles sur le barbare et idiot monde gothique ? Je n'oserais demander à M. Michelet la conclusion ni la cause ; cela est pourtant aussi la question (2). La traiter
m'entraînerait trop loin hors de mon sujet présent. Que le maître, désormais
rétabli dans son apothéose éternelle, nous réponde, nous calme et nous instruise !

(1) *Polyeucte* et *Athalie*. — (2) Voyez l'Appendice général, supplém., à la fin du volume.

GUELFES ET GIBELINS

LIVRE PREMIER

L'AIGLE ET LA LOUVE

LÉGENDE DES WELFS

Le comte Isebrand et la sommelière.

GUELFES ET GIBELINS

Ces dénominations, qui distinguaient les deux partis dont les luttes cruelles ensanglantèrent l'Italie pendant quatre siècles, n'ont pas été suffisamment expliquées jusqu'à ce jour, soit dans leur esprit, soit dans leurs phases diverses. Quatre siècles de luttes acharnées (1)! Pour les étudier sur nature, prenez en main votre Dante, leur vieux poëte chroniqueur; secouons un instant la cendre qui couvre leurs foyers mal éteints, entre les Alpes et les sept collines, au pied des deux volcans où elles semblaient s'alimenter : l'Etna et le Vésuve. Recomposons leurs personnages avec leurs squelettes, et leurs annales avec leurs personnages. Impossible de bien comprendre, sans les bien connaître, ni les passions et les types de la *divine comédie*, leur épopée véritable, ni son auteur militant dans leurs crises les plus ardentes, ni le moyen âge tout entier qu'elles résument à son apogée; elles personnifient sa période révolutionnaire et l'une des grandes guerres sociales de l'humanité. Guerre tour à tour politique et religieuse,

(1) Nous ne parlons ici que de la période comprise sous ces noms; dans toute leur étendue, on le remarquera, elles embrassent une durée de cinq siècles.

2

implacable comme celle des Bourguignons et des Armagnacs, des Huguenots et des Ligueurs, dans une sphère beaucoup plus vaste, car, sous ses figures temporaires et locales, s'agitent les questions suprêmes, les questions éternelles et universelles : l'autorité et la liberté, la foi et la raison, la science et l'amour. Trois centres curopéens s'y enflamment ou y répondent comme trois échos divers, — Worms, — Rome, — Paris ; l'empire byzantin même, prêt à crouler, ressent ses électriques secousses et lui sert parfois d'enjeu. Nous allons indiquer sommairement ses dérivations et ses transformations, comme un phare nécessaire, en tête de nos biographies.

Suivant les témoignages historiques, il y avait sur les confins de l'Allemagne et de l'Italie, deux maisons très-illustres et très-anciennes, l'une des Henri de Weiblingen, l'autre des Welfs d'Altorf, rivales d'ambition et de gloire. Les empereurs franconiens, dont hérita Frédéric Barberousse, appartenaient à la première maison. La seconde, réunie dans le xie siècle à la branche d'Este, par le mariage de Cunégonde, sa dernière descendante, avec le marquis Azzo, a produit les ducs de Bavière, dont sort la maison actuelle de Brunswick. Un beau lion de bronze, érigé par son plus vaillant chef sur une place dans cette capitale, et l'Ordre royal des Guelfes institué en son honneur, attestent encore aujourd'hui sa haute domination passée. Voici sur son origine une chronique assez curieuse.

Du temps de Charlemagne, le comte Isebrand demeurait dans un château-fort, près du lac de Constance, avec son épouse, la noble Irmentrut. Il arriva qu'une pauvre femme du voisinage d'Altorf mit au monde trois enfants d'une seule couche. Quand la comtesse l'apprit, elle s'écria : « Cette femme n'a pu avoir trois enfants d'un seul homme sans adultère. » Elle parlait ainsi, en présence du comte Isebrand et de tous ses serviteurs. « Cette femme adultère, ajouta-t-elle, mérite bien d'être enfermée dans un sac et jetée à l'eau. » Le propos fut répété à la pauvre femme, qui, indignée, proféra cette malédiction : « Puisse la comtesse accoucher d'autant d'enfants à la fois qu'il y a de mois dans l'année ? »

Or, l'année suivante, la comtesse devint enceinte à son tour et mit au monde, justement en l'absence de son mari, douze enfants, tous garçons. Tremblante et craignant qu'on l'accusât elle-même, d'après ses propres paroles, elle donna ordre à la sommelière d'en porter onze au prochain ruisseau et de les y noyer ; le douzième, elle le gardait. Donc, la vieille, après avoir enfermé les onze petits innocents dans un bassin, les porta pour les noyer au ruisseau voisin nommé Scherz. Mais, par la volonté de Dieu, le comte, qui revenait vers sa demeure, la rencontra. « Que portes-tu là dedans ? » dit-il à la sommelière. Elle répond en tremblant : « Seigneur, je porte des welfs » (jeunes chiens-loups) (1). Malgré ses efforts, le comte, curieux, lève le couvercle, et voyant les onze enfants si beaux, s'écrie vivement : « D'où les tiens-tu ? » La vieille effrayée demande grâce, et révèle tout. Alors il les confie pour les élever à un riche meunier du pays, et il commande à la messagère de retourner sans rien craindre auprès de son épouse et de ne lui rien dire, sinon : Vos ordres sont exécutés.

Dix ans après, le seigneur d'Altorf célébra une fête dans son château, où se trouve aujourd'hui le couvent de Weingarten, et y convia ses amis à un joyeux banquet. Quand les coupes furent vidées, il donna ordre d'introduire onze enfants, tous vêtus de

---

(1) Text. *Wolfshündchen.* Le mot allemand *welf*, ou *welfen* et *wolfen*, a tour à tour les deux acceptions dans les chroniques recueillies par Grimm, d'où la présente est tirée ; *welf*, pour *wolf*, signifie loup, et en certains cas, chien, par ellipse ou locution synonymique familière. Quoique Dante qualifie généralement de loups les guelfes ou papistes, selon leur épithète commune, en désignant les Florentins, il les appelle aussi *chiens* devenus *loups, can farsi lupi* : ce qui corrobore notre explication. (*Purg.*, ch. XIV.)

rouge et pleins d'une mâle beauté. Tous ressemblaient d'une manière frappante, pour le teint, la stature et les traits du visage, au douzième que la comtesse avait gardé près d'elle ; ses regards se fixaient extasiés sur eux. Chacun les reconnut aisément pour jumeaux. « Quelle mort mérite la femme qui a voulu la mort de ces onze enfants ? » demanda solennellement le comte Isebrand à ses convives. La comtesse, déjà pâle et muette d'émotion, tomba évanouie... Touché par sa douleur et les prières de ses amis, il pardonna, dit la chronique ; seulement il décida que ses descendants, pour perpétuer sa merveilleuse aventure, ne s'appelleraient plus désormais comtes d'Altorf, mais Welfs (*Welfe* ou *Welfen*).

Le nom de Welf fut adopté par la famille, et l'un des douze, Etico, maria sa fille, la belle Judith, à l'empereur Louis le Débonnaire. Elle avait éclipsé toutes ses rivales, dans le carrousel ouvert par le monarque veuf, entre les fleurs de beauté suzeraine pour remplacer Hermengarde, et par ses charmes fascinateurs, dans le partage entre les héritiers de la pourpre impériale, elle plaça la couronne française sur la tête de son fils bien-aimé, Charles le Chauve. Le seigneur Etico, chasseur vaillant et indompté, possédait en Bavière un vaste domaine franc de toute servitude, et portait sur son écu un carrosse d'or, signe de sa richesse royale. Ses terres s'étendaient depuis le fleuve de Lek jusqu'au Danube. Instruit que son fils, par le conseil de Judith, avait sollicité un fief pour les accroître (1), et s'était rendu ainsi vassal de l'empereur, l'altier châtelain alla se cacher dans la forêt hercynienne (la forêt Noire). Un troisième welf, le comte Rodolphe, élu par les ma-

---

(1) Il requit et obtint que l'empereur lui concédât, à titre de fief en Bavière, tout le pays qu'il pourrait parcourir dans une matinée avec un carrosse d'or. Louis le Débonnaire, en le lui accordant, ne croyait pas qu'il fût assez riche pour posséder un tel carrosse. Mais Henri prit toujours des chevaux frais et parcourut de la sorte une grande étendue de pays. Il avait sur ses armes son petit carrosse d'or, et il devint par là *homme de l'empereur*. (Grimm., trad. allem.)

gnats roi de la Bourgogne Transjurane, sous Charles le Gros, démantela le premier, en secouant le joug, la babel carlovingienne au déclin; redevenu libre, il défendit intrépidement dans ses montagnes inaccessibles ses immunités souveraines contre Arnulf, l'empereur germain, et tous ses compétiteurs. On le nommait *le roi des Alpes*.

Cette famille représentait bien le principe de l'indépendance, comme les empereurs franconiens (les Rothenbourg), la Sainte Majesté de l'empire allemand, dont ils s'attribuaient déjà le titre.

Les sires de Hohenstaufen, qui leur succédèrent, s'appelaient ainsi du nom de la montagne où s'élevait leur château dans la Souabe. Leur désignation spéciale de Weibling, empruntée à un autre burg ou château-fort avoisiné d'un bourg, sur le mont Herfeld, comme toutes les choses primitives, a sans doute pareillement quelque origine mystérieuse, d'après son étymologie (*weib*, femme, — *ling*, filiation (1). Les guerriers souabes, descendant des anciennes confédérations suèves, marchaient toujours, par privilége impérial, les premiers à la bataille. « Ils font deux Arabes d'un seul, » disent les chroniques des croisades, pour peindre comment, d'un coup de leur glaive, ils les fendaient du haut en bas, et ils enfilaient sur leurs lances jusqu'à douze guerriers Grecs, Turcs, Sarrasins ou Magyars. Ils avaient en même temps, comme les Abencérages et les Provençaux, le caractère chevaleresque et une poésie tendrement mystique, double type dont leurs ducs se léguaient fidèlement l'empreinte, avec leurs grands yeux bleus et leur chevelure blonde.

Telles furent les deux maisons, qui baptisèrent de leur nom et de leur sang les factions Guelfe et Gibeline. Le schisme de

----

(1) Lignée ou enfant de la femme. Nous trouverons, chemin faisant, plusieurs origines analogues non équivoques, consacrées par les annales vivantes du langage, entre autres celle qui concerne le château de Weinsberg ou *Weibertreue*; c'est-à-dire, la tradition tour à tour légendaire, religieuse, historique, trois sources incessamment mêlées, surtout dans la vieille Allemagne.

l'antipape Anaclet, élu en concurrence avec Innocent II, en les mettant aux prises sur le terrain à venir, dessina plus nettement leur rôle opposé ou leur antinomie morale. Une circonstance fortuite, également rapportée par les annalistes, y ajouta le cachet de l'imprévu, si souvent providentiel. Le schisme divisait l'occident ; deux armées étaient entrées en Italie. Le duc Welf de Bavière soutenait, avec Roger le Normand, l'antipape Anaclet, et le seigneur Conrad de Hohenstaufen, avec l'empereur Lothaire, le pape Innocent II. Le jeune fils de Conrad, ou, selon quelques-uns, le duc de Souabe, Frédéric son frère, commandait souvent les troupes en son absence. Comme l'un et l'autre habitaient par prédilection Weiblingen, leur lieu natal, d'où sortirent les trois Henri dits *Saliques*, leurs ancêtres, on leur donnait habituellement le nom de leur château favori. Quand la trompette sonna la charge, les Bavarois, pour s'animer au combat, se mirent à crier : *Hier Welfen*, voici Welf ! Les troupes impériales répondirent par un cri unanime : *Hier Weiblingen !* Voici Weibling !

Ce double cri, répété presque le lendemain, entre les camps des deux maisons se disputant la couronne, dans la bataille de Weinsberg, célèbre par l'héroïsme conjugal et chevaleresque (1), devint leur signe adoptif. L'empire ayant passé à la famille weiblingienne, qui lutta contre les papes, son cri de guerre désigna ses partisans, et l'appel bavarois, les partisans du saint-siége : autrement les impériaux et les papistes, appelés vulgairement Gibelins et Guelfes. Les Italiens, voulant y imprimer leur sceau, leur donnèrent une autre étymologie : ils firent dériver Guelfes de *Guardatori da fide*, gardiens de la foi, et Gibelins de : *Guidatori della bataglia* (*guidi Belli*), guides du combat, belligérants. Constatons que la tige d'Altorf s'est alliée fréquemment avec nos maisons souveraines, comme avec celles d'Italie, et que

(1) Voir à l'art. de Conrad III l'intéressante chronique complém. là-dessus.

les capétiens ont renoué l'union carlovingienne avec le pontificat. Nous sommes un peu chiens-loups *per lo grifo* (1).

Les luttes prolongées des Guelfes et des Gibelins embrassent quatre périodes ou phases principales : la guerre de l'Empire, — la guerre sicilienne, — la guerre des communes, — la guerre des familles. Chacune de ces périodes, liées entre elles et souvent confondues, se divise elle-même en deux phases distinctes, personnifiées par les races ou les emblèmes.

La *guerre de l'Empire* comprend, dans sa première phase, la rivalité des deux maisons Welfen et Hohenstaufen pour l'empire d'Allemagne, depuis leur rencontre sur le champ de bataille italique, où le grand duel, ouvert pour le droit d'investiture, entre Grégoire VII et Henri le Frivole, se renouvelle pour la tiare entre deux papes élus ; dans la seconde phase, la lutte des empereurs gibelins, vainqueurs de la maison welfe, avec la papauté et ses chevaliers rois ou ducs, pour l'empire d'occident et la suprématie du monde, depuis Frédéric Barberousse jusqu'à Henri VII, le dernier roi germain, couronné empereur d'Italie. La *guerre sicilienne*, lugubrement marquée par l'immolation de la famille impériale souabe et par le massacre des Français, comprend la lutte successive des dynasties conquérantes pour le trône des Deux-Siciles, depuis la croisade normande jusqu'aux règnes ennemis d'Anjou et d'Aragon. Une autre plus lointaine et multiforme, que nous signalerons en passant, comme une vouivre satanique, *la guerre des hérésies*, siffle et rugit au travers. Ce sont les laves incandescentes de l'incendie souterrain ; elles jettent çà et là de rougeâtres éclairs sur notre horizon.

Nous commencerons par les deux périodes cycliques, dont les athlètes sont les papes, les empereurs et les rois : l'Italie, l'Allemagne et la France, les trois branches divisées de la couronne

(1) Voyez la suite des Welfs sous les empereurs gibelins, les rois de France et les familles italiennes.

du grand Karl-mann. Elles ont pour emblèmes l'aigle à deux
têtes, transférée avec l'empire des Césars romains aux empereurs
allemands, et la *lupa bramosa*, la louve insatiable devenue guelfe,
appelée traditionnellement le Chien de Saint-Pierre. Le Lion français (1), porteur des fleurs de lis d'or, et les autres bêtes héraldiques, élancées au vaste tournoi, y interviennent successivement
comme intermédiaires ou champions. Nous le suivrons plus tard
dans le cœur des républiques italiennes, où luit la panthère florentine, et nous spécifierons ses deux dernières périodes en tête
de notre second livre.

Mais la lutte ne se passe pas seulement entre les puissances,
ou sur les champs de bataille et dans les synodes. Évêques, moines, docteurs, troubadours, « chaque homme, dit un vieux chroniqueur saxon, chaque femme, chaque fille, nobles, bourgeois et
paysans, tous ont pris parti, soit pour le seigneur pape de Rome,
soit pour le seigneur empereur d'Allemagne. » C'est-à-dire, soit
pour l'unité de la foi et l'autorité de l'Église romaine, soit pour
l'indépendance des États et la liberté de conscience, pour Dieu ou
pour diable, suivant les deux qualifications usitées alors ; tournoi
orageux, où les personnages se mêlent fantastiquement à toutes
les créatures visibles et invisibles, réelles et fabuleuses. L'apôtre
séculaire inspiré, l'auteur de la *divine Comédie*, nous les y montre
dans le monde infernal ou céleste. Nous les y puiserons, revêtus
de ses stigmates, éclairés à ses lueurs étranges. Car dans l'histoire
des morts, il traçait l'histoire des vivants, dans ses silhouettes
d'ombre ou de lumière, des profils burinés pour l'éternité. Si les
chroniques nous aident à les pénétrer sous leurs lointaines per-
spectives, par ses passions même et ses erreurs, il nous les fera
mieux comprendre à leur tour; nous y retrouverons les fibres
palpitantes des annales humaines, et d'universelles leçons.

(1) Le lion, le loup et la panthère, ces trois animaux symboliques, on le sait,
ouvrent mystérieusement l'épopée dantesque. (Enf. ch. 1.)

LES DERNIERS TEMPS.

Laisse-moi reposer, dit l'homme. — Pas encore, répond l'Ange, son épée flamboyante à la main.

L'AN MIL.

L'an mil sonnait une heure maudite sur le cadran centenaire.
« Après un règne de mille ans du Christ, dit l'Apocalypse, chapitre xx, il y aura un règne des ténèbres ; Satan sera délié de sa
prison, et il séduira les peuples qui sont aux quatre coins du globe. »
La multitude avait pris le texte sacré à la lettre. Les bouleversements sociaux et des présages effrayants, d'accord avec lui, jet-
taient la terreur dans la chrétienté, brisée en tronçons épars. Une
seconde dissolution, qui emportait lamentablement l'empire ro-
mano-carlovingien, la livrait aux invasions barbares et à tous les
vertiges. On croyait que les sept trompettes finales allaient retentir, le monde disparaître, et les morts se lever pour le dernier ju-

gement. Une éclipse de soleil, répondant aux prédictions de Bernard de Thuringe, manifestait le premier signe. Les uns se cachaient dans les cavernes, les autres se noyaient dans l'orgie, ceux-là donnaient leurs biens aux églises et s'enfonçaient dans les cloîtres. La misère, la famine, la peste, les guerres civiles, tous les fléaux précurseurs, les crimes et les folies noires, s'étendaient sur les villes, les châteaux et les bourgades. Les pauvres Jacques se tordaient sous des douleurs plus poignantes, et leurs maîtres féodaux, dans les trêves de leurs massacres, gémissaient avec eux : *Miserere*!

Miserere! redisaient les Catacombes? Le vaisseau même de saint Pierre, l'arche rédemptrice, entraînée par le délire, s'en allait sombrer à travers les tempêtes. Deux vierges folles, mariées aux comtes de Tusculum, s'étaient assises sur sa poupe, comme les syrènes de l'abîme. On les nommait Théodora et Marosie. C'était la mère et la fille, deux patriciennes dégénérées, la bête à deux faces, incarnée dans la moderne Babylone. Elles avaient épuisé la coupe du sang et de l'adultère, avec les papes Sergius et Jean. La vieille louve romaine, moitié ivre et rugissante au-dessus des vagues furieuses, se redressait par intervalles contre l'aigle allemande en criant : Vivent la République et l'Italie ! car les souvenirs capitolins bouillonnaient toujours, jusque sous le masque des courtisanes.

Un pape magicien apparut, tenant la baguette trismégiste (1) ; mais il ne put, malgré sa science et son art, assoupir les ouragans déchaînés. Un deuxième ascète plus audacieux, armé de la verge mosaïque, s'élança sur le navire en dérive, et, pour le dompter, posa les pieds sur la bête. Ouvrons par lui notre galerie. — Une phase de l'Europe catholique s'engouffre, et une autre va surgir.

(1) **Voyez** plus loin Sylvestre II.

PAPES.

GRÉGOIRE VII (Hildebrand), fils d'un charpentier de Soane, élevé à Sainte-Marie du Mont-Aventin, prieur de Cluny en France, puis archidiacre et cardinal légat, fut élu à Rome, par l'acclamation populaire, l'année 1073. Ce pontife marque la grande division historique de la papauté au moyen-âge, c'est-à-dire la fin de la 2e période épiscopale, glorieusement éclairée par Grégoire le Saint, et l'avénement de la 3e ère, la théocratie ou l'empire catholique, dont il se fit le hardi fondateur. Ses antagonistes et son propre collègue, Pierre Damien, pour ses vues pieusement dominatrices, alors qu'il était simple cardinal, l'appelaient *saint Satan*. Grâce aux opinions surannées, on ignore trop généralement le rôle social du pontificat et ses étranges péripéties, même dans son éminente période.

Écoutez d'abord la tradition, cette vieille prophétesse voilée qui précède l'histoire, un flambeau à la main, et illumine la biographie dans ses annales.

Un farouche empereur tudesque, Henri III le Noir, était venu au palais de Latran, où il déposa et plongea dans la misère trois papes. Il y avait alors, dans la ville éternelle, un charpentier qui avait un petit enfant. Cet enfant jouait dans l'atelier de son père avec les scieurs de bois, et s'amusait à y tracer les lettres de l'alphabet. Un prêtre, étant venu par hasard dans l'atelier, vit les caractères tracés par la main de l'enfant, et y lut : *Dominabor a mari usque ad mare*, ce qui signifie : « Je dominerai depuis la mer jusqu'à la mer. » Le prêtre comprit aussitôt que cet enfant devait être pape et le dit à son père. Le père le fit instruire. Devenu écolier (clerc, *pedagogus*, écrit un historien), l'enfant vint à la cour impériale, où les scribes du palais le prirent en vive affection; mais le fils de l'empereur, Henri, plus tard quatrième du nom, ne se plaisait qu'à lui faire du mal et à lui jouer toutes sortes de mauvais tours ; son cœur avait quelque secret pressentiment des tribulations que lui causerait un jour cet écolier. L'empereur riait de leurs jeux et des méchancetés de son fils; toutefois l'impératrice en était fâchée, et souvent elle le grondait.

Or, une nuit, Henri III eut le rêve suivant. Son fils siégeait au milieu de sa cour. Sur le front du jeune Hildebrand étaient poussées deux cornes s'élevant jusqu'au ciel, et, avec ces cornes, il enlevait le rejeton royal et le rejetait dans la boue. L'impératrice, ayant ouï le songe, l'interpréta et dit : « Cet écolier deviendra pape et chassera notre fils de son trône. » Alors l'empereur donna ordre de saisir Hildebrand et de l'enfermer dans une tour à Hammerstein, croyant éluder ainsi l'accomplissement de la volonté divine. Mais l'impératrice lui représenta sans cesse qu'il avait tort de poursuivre si cruellement un pauvre écolier, à cause d'un simple rêve, et au bout d'une année, la liberté lui fut rendue.

L'écolier partit pour la France, où il revêtit la bure monastique. Après plusieurs années d'une retraite exemplaire dans la méditation et l'étude, il accompagna dans la métropole son protecteur (l'évêque Brunon), et... le rêve se réalisa.

Jusqu'à lui les papes n'étaient strictement élus que comme évêques de Rome, confirmés, depuis le IXe siècle, par les empereurs allemands, dont ils dépendaient plus ou moins, avec une juridiction indéfinie sur la chrétienté. Leurs actes et leurs édits pour la constituer se perdaient de loin en loin, comme leurs foudres, à travers mille vicissitudes. Le premier, réservant ce titre au seul pontife romain, et l'élection papale au seul conclave, il institua cette juridiction au-dessus des conciles, sur tous les royaumes terrestres, et joignit le glaive au bâton pastoral. Le premier, il proclama l'avènement des croisades et des légations apostoliques, fondant ainsi la nouvelle Église militante pour réunir, sous un même sceptre religieux, l'orient et l'occident, séparés depuis Constantin. Rêve gigantesque ! Rattacher à son trône par la chaîne d'or de la foi, et par son trône au triangle divin, toutes les nations sœurs divisées depuis Babel, la tour de confusion. Né parmi les humbles, comme le Christ, il marque aussi la puissance de l'individualisme et ses mutations extraordinaires dans ce monde catholique, barbare et féodal, qu'il cherche à réédifier sur sa base une et indivisible, avec sa volonté *de fer et de marbre.*

Monde étrange et terribles architectes ! terribles comme ses monuments et ses histoires. L'un, colossal empereur, nous le rencontrerons dans la planète de mars, avec son aigle étoilée, à la tête des chevaliers français. Voici l'autre. Un jour, dans une église d'Arezzo, devant le pape Nicolas II, l'archidiacre Hildebrand était monté en chaire. Osseux, de petite stature, déjà vieilli par les macérations et la pensée, redoutable autant que vénéré, il raconte un redoutable apologue : la vision qu'avait eue un saint homme, d'une échelle incommensurable, suspendue au profond de l'abîme flamboyant. Une famille seigneuriale germanique, dont le dernier défunt, honnête par exception, occupait le degré supérieur, était condamnée à la descendre tout entière, échelon par échelon, à chaque nouvel arrivant, jusqu'à ce que tous fussent engloutis. Pourquoi? parce qu'un de leurs ancêtres avait enlevé un domaine de l'église de Metz au bienheureux Étienne. — La leçon donnait le cachet du prédicateur et de l'époque ; elle tombait droit sur les empereurs allemands, sur quiconque touchait aux biens et au pouvoir temporel de l'Église. Elle contenait, sous une allégorie populaire, toute sa doctrine développée dans ses lettres éloquentes et résumée dans son réglement théocratique : *Dictatus papæ*, les décrets du pape, comme pontife et prince universel. C'est l'antipode du traité *De Monarchia*, le plaidoyer de l'empire, avec la séparation des deux pouvoirs (1). Le coryphée gibelin , Dante, prend son échelle, et par une dialectique impitoyable, au lieu de seigneurs germaniques, il y met des papes. S'il l'épargne, lui, à cause de ses vertus et de sa pieuse.*intention* (2), il y stygmatise ses successeurs indignes, sa théorie et ses exécuteurs.

Or, « *la mala condotta* (3), la mauvaise direction a rendu le monde pervers, non la corruption de votre nature. — Rome, d'où le bien s'épandait sur les peuples, avait deux soleils éclairant la double voie : celle des hommes et celle de Dieu (4) ; — l'un

(1) *De la monarchie universelle* ou du gouvernement du monde, remarquable manifeste où le poëte publiciste a développé les principes tour à tour posés par Fréd. Barberousse, saint Louis, Henri IV et la Déclaration gallicane relatée ci-après. Voyez notre article sur Dante. (*Vie, Ouvrages et Doctrines.*)

(2) O heureux peuple ! ô glorieuse Ausonie! si jamais ne fut né le dépréciateur de ta gloire impériale, ou si sa pieuse intention ne l'eût jamais trompé.

FIN DU LIVRE II. — De Monarchia.

(3) . . . . . *La mala condotta.*
È la cagione che il mondo ha fatto reo.
E non natura che sia in voi corrotta.

(4) Le pape et l'empereur.

a obscurci l'autre. Le glaive a été uni au bâton pastoral. Joints
par la violence, ils vont mal ensemble.

« *Li pastor, che precede, ruminar può*. Le pasteur, qui marche
en tête, peut ruminer (prêcher la doctrime); mais il n'a pas
l'ongle fendu, » c'est-à-dire les mains et les œuvres pures (1) ;
— « et la multitude, voyant son guide mordre avidemment au fruit
dont elle est gloutonne, s'en repaît, et ne cherche rien autre (2). »

Ainsi résonne, au 16ᵉ chant du Purgatoire, l'arc dont la corde
vibrante lance les flèches inépuisables sur la bande échelonnée dans
les bolges maudits. Une vision apocalyptique montre plus loin, au
paradis terrestre, dans le char longtemps battu par la tourmente, la
papauté déchue de sa gloire primitive, sous la figure d'une prostituée, unie au géant des pompes mondaines, et l'Église conduite par
les sept têtes monstrueuses, figurant les sept péchés capitaux (3).

Des voix non moins menaçantes s'élevaient de toutes parts
contre l'édifice auguste : les tyrannies, les schismes, les hérésies,
qui en sapent les trois côtés ; Hildebrand les avait entendues d'a-
vance, et il accepte sans peur le duel. Trempé dans l'ascétisme du
cloître, exercé aux missions diplomatiques, il l'avait mesuré dans
le palais de Latran, où son génie caché dirigeait ses deux prédécesseurs pendant leurs rudes traverses. Il avait vu, comme une
chaîne grandissante, les prostitutions du mélange clérical et profane, depuis l'adultère pontife, père du rebelle Crescencius ; — le
saint-siége mis à l'encan, comme au temps où les courtisanes
Théodora et Marosie en disposaient pour leurs amants et leurs
fils ; — Les princes européens trafiquer également des dignités

(1) La loi mosaïque tient pour immondes les animaux qui n'ont pas l'ongle
fendu. C'est là aussi l'emblème de la division prescrite du spirituel et du temporel.

       (2) *Perché la gente, che sua guida vede*
       Pure a quel ben ferire ond'ella è ghiotta,
       Di quel si pasce, e più oltre non chiede.

(3) Purg., ch. **XXXII**. Voy. Boniface VIII.

ecclésiastiques, dont ils conféraient sans scrupule les priviléges,
et tenir par elles tout le clergé vassal. — Il avait vu enfin l'empereur d'Allemagne, Henri le Noir, déposer devant un concile trois
pontifes accusés de simonie (1), les chasser comme des eunuques,
adresser au conclave cette insolente missive : « Si vous ne nommez
pas mon pape allemand (*Suidger, évêque de Bamberg*, Clément II),
je vous emmène tous garottés dans mes forêts. »

Nous avons cité l'apologue du prêtre; son premier acte gouvernemental le caractérisera davantage. Étienne II venait de mourir
à Florence, tandis que le diacre était allé remplir une mission
en Germanie. Le pieux défunt avait recommandé aux cardinaux
et aux Romains de consulter, pour lui choisir un successeur, le
moine de Cluny, dont il connaissait les lumières. Une faction impa-
tiente s'assemble en armes, et sans observer la clause convenue ni
les règles canoniques, élit tumultueusement son candidat : Nincio
de Tusculum. Hildebrand revient sur ces entrefaites ; apprenant
ce qui s'est passé, avec les protestations écrites, il déclare l'élection nulle, et propose publiquement un docte évêque : Gérard de
Bourgogne. Un vote unanime, accueilli par la sanction impériale,
consacre Nicolas II. L'élu de la légalité l'emporte sur l'élu de la
violence. Le candidat irrégulier se retire devant cette nouvelle
puissance presque inconnue, car la violence gouvernait partout
hommes et choses. Le glaive temporel, Jupiter, était encore Dieu
dans l'oligarchie des nations.

Une énergique et immense régénération devenait irrémissible.
Quiconque a sondé la situation jugera comme le clairvoyant prédicateur. Sa hache porte d'abord sur l'Église, car, pour l'armer
chevalière et reine, il songe à la purifier. Il veut réformer son
clergé corrompu, en exclure la source des scandales, l'antique
élément de perdition, la Vénus-Éve, et y imposer le célibat

(1) L'un, Grég. VI (Gratien), dont il adopta le nom papal, fut son précepteur.

pour en faire une sainte famille sacerdotale. Presque partout le
clergé résiste, murmure ou s'insurge. Les prélats et les clercs allemands, la plupart mariés, selon la coutume primitive, lui de-
mandent, avec ceux d'Italie, si l'on prétend les contraindre à vivre
comme des anges. L'archevêque de Ravenne, Guibert, bientôt
nommé pape des mal contents, commande la ligue soutenue par
les impériaux. Grégoire achète la victoire au prix du sang d'un
frère, son vaillant capitaine. Une tentative plus hardie éclate.
Il est lui-même arraché à l'autel durant l'office par le préfet de
Rome, le traître Cencius, dont il suit avec calme en prison les satellites. Mais le peuple indigné, qui l'avait choisi dans son espoir,
le délivre avec transport, et le généreux pontife dérobe à sa fureur
l'agent de ses ennemis.

Le peuple romain, comme partout les vassaux opprimés, se prononce pour sa réforme, quoiqu'elle ne rompe pas leur servage ; car
si les hauts barons mitrés possédaient, comme les satrapes, des
palais et des concubines, ils possédaient encore, comme les seigneurs séculiers, — abus aussi monstrueux, respecté par sa
hache, — des serfs et des varlets, leurs frères en Jésus-Christ (1).
Seulement leurs chaînes paraissaient plus douces, et les fils des
manœuvres, en passant dans la milice privilégiée, pouvaient s'af-
franchir et s'élever comme l'enfant de Soane. Tous rêvent, dans
leur terrestre purgatoire, la cité de Dieu, dont les prêtres angéliques seront les ministres, et le pape, l'arbitre surpême entre les
tyrans et les esclaves. Dieu et le peuple sont avec lui, et la noble
comtesse Mathilde (2), l'héroïque amazone de la foi, la pieuse dona-

____

(1) Grégoire Iᵉʳ avait offert déjà un exemple oublié en interdisant aux ecclésiastiques le droit de main morte.

(2) *Voyez sa biographie.* Les libellistes impériaux contemporains, notamment
le cardinal Bennon, et, après eux, quelques historiens protestants ou sans choix
ont avancé, dans leur vie d'Hildebrand, des imputations évidemment menson-
gères, soit sur ses rapports avec la comtesse et sa mère Béatrice, soit sur ses

trice des fiefs sacrés, la Minerve féodale, idéalisée dans la Vierge terrassant le dragon. Les têtes tonsurées se courbent, comme plus tard les têtes souveraines : c'était du moins l'égalité devant la loi religieuse.

Pourtant la fière tête normande, Guillaume le Conquérant, ne se courbe qu'à demi dans son île sauvage, et Henri IV, surnommé le Frivole, a tiré l'épée franconienne pour sauvegarder ses fructueuses prérogatives : querelle qui forme un premier épisode tempêtueux, historiquement appelé : *la guerre des investitures*, conflagration reproduite dans chaque royaume. Entre l'empereur et le théocrate, le duel commence. L'empereur fait déclarer son élection illégitime par l'assemblée de Worms, et lui envoie signifier sa déchéance en plein concile, comme son père à ses devanciers. C'est alors que le moine couronné, montrant un œuf miraculeux, sur lequel se trouvait gravé en relief un serpent armé d'un écu et d'une épée, s'écrie devant les cardinaux : « Employons désormais le glaive de la parole pour tuer le serpent. *Sit maledictus !* »

L'excommunication va frapper en Allemagne Henri le Frivole ; les Saxons qui méprisent ses mœurs, les seigneurs allemands jaloux, les vassaux qu'il tyrannise, saisissent l'occasion pour se rébellionner. Ses gardes l'abandonnent. La fille du margrave italien de Suse, Berthe, son épouse, tenant dans ses bras leur jeune héritier, veille seule sur sa porte déserte. Elle est vertueuse et d'un caractère angélique ; Henri est dur et débauché. Une violente scission éclata longtemps entre eux ; il la maltraitait et lui témoignait brutalement son antipathie ; elle

crimes et sortiléges prétendus pour acquérir son pouvoir. Cet arsenal grossier, repoussé par tous les écrivains sérieux, amis ou ennemis, n'alimente plus maintenant que les fabricateurs de chroniques scandaleuses arrangées à l'usage du vulgaire. Jugeons impartialement les hommes, les faits réels et les idées.

priait et pleurait, se renfermant dans ses devoirs de mère et de chrétienne. Il la provoquait à l'infidélité pour avoir le prétexte d'un divorce; elle conserva son honneur (1). Vaincu par tant d'amour et de vertu, il l'a regardée avec repentir. Un légat pontifical, envoyé pour les réconcilier, rejoint leurs mains devant l'autel. La foudre de saint Pierre ne les séparera point. Le pouvoir religieux et les âges barbares présentent sans cesse de pareils contrastes.

La rébellion, plus implacable, grandit contre l'anathème, et la solitude se creuse autour de ses pas. Ses propres landgraves le déclarent déchu, s'il n'obtient grâce. Épouvanté, il part incognito en plein hiver. Une famille mystérieuse, vêtue en pénitente, traverse les Alpes par un froid mortel. C'est l'empereur, avec sa femme et son enfant, sans autre escorte que le chevalier Frédéric de Buren. On les descend des glaciers, sur des peaux de bœufs, à travers les avalanches et les précipices. Arrivé devant le château de Canosse, où le pape s'est abrité chez la comtesse, son illustre amie, il attend trois nuits, pieds nus, tête nue, dans un préau, avant d'avoir audience et pardon. Le chevalier de Buren, l'aïeul des Gibelins, a pu voir et pourra leur redire toutes les humiliations subies en représailles ou pénitence. Les seigneurs italiens outrés appellent Henri le Frivole, Henri le Lâche. Furieux, il se révolte de nouveau et court chercher des forces dans ses États.

(1) Les anecdotistes racontent qu'elle fut contrainte une fois de promettre, pour s'en délivrer, un rendez-vous la nuit à un seigneur poursuivant, audacieux favori de Henri IV. Le seigneur, introduit dans sa chambre à l'heure dite, fut assailli dans l'obscurité par une grêle de coups de bâton. Les blanches mains des dames du palais, aidées par des valets, lui donnaient cette aubaine. Henri IV, qui l'avait suivi masqué, pour constater son épreuve, en reçut autant. Il eut beau crier : « Je suis l'empereur. — Vous êtes un fourbe, lui répondaient les bâtonneuses; l'empereur ne se cacherait pas pour entrer chez sa femme. » Il se sauva tout meurtri comme son complice, jurant, mais un peu tard, qu'on ne l'y prendrait plus; puis, pour se venger, il insulta l'impératrice et fit périr le courtisan.

Le combat se rallume plus violent. Singulier combat où les diètes et les conciles luttent comme les épées, où deux assemblées élisent et déposent, l'une un pape, l'autre un empereur, emblème depuis si commun du dualisme universel. Une bulle fameuse, d'où jailliront les discordes, par une volte face terrifiante, prononce la déchéance du monarque infidèle à son mandat, et la légitimité d'une nouvelle élection nationale. Jurisprudence canonique dont son auteur même ne mesurait certainement pas toute la portée; le droit de juger, de faire et de défaire les rois, ce droit que les assemblées révolutionnaires ont revendiqué après lui au nom du peuple, il l'établissait légalement au nom de Dieu. L'antipape élu, c'est Guibert qui sacre son patron à Rome; le contre-empereur, un duc Rodolphe de Souabe, tué peu après par Godfrid ou Godefroi, duc de Lorraine, appelé sous l'étendard franconien. Pour le remplacer, la ligue papiste allemande nomme Herman de Luxembourg. Alors le Teuton, revenu la lance haute, assiége le pontife, enfermé dans le château Saint-Ange. La comtesse Mathilde, dont la physionomie remarquable complète, sous un autre aspect, la médaille grégorienne, a épuisé ses trésors, ses armées et celles de son époux, Welf V; car elle avait enrôlé le fils des Chiens-Loups sous la bannière du saint-siége, et les ducs bavarois, toujours opposés aux ducs souabes, en attendant qu'ils leur disputent l'empire, le disputaient aux Rothembourg. Par bonheur, un roi normand, Robert Guiscard, pour sanctifier sa royauté aventurière, comme le dieu de la machine, accourt délivrer l'illustre captif. Mais le dieu pirate, scellant son alliance avec sa griffe, saccage la ville éternelle, et les flammes dévorent ses plus magnifiques monuments.

Hildebrand, dont le départ laisse à Rome des ruines fumantes, à la chrétienté un schisme, à l'empire une révolte, va expirer dans Salerne, plein de doute et de tristesse. Comme presque tous les grands lutteurs qui ont tenté l'amélioration sociale, il répète : « Je meurs dans l'exil pour avoir trop aimé la justice. » Au xvie siècle, le parlement de Paris, dont une sentence avait déjà condamné sa doctrine théocratique sous Philippe le Bel, fit rayer son nom et sa légende du bréviaire, où les plaçait Benoît XIII (1). L'année 1682, le clergé français, convoqué par Louis XIV, sur le rapport de Bossuet, la réprouva solennellement, comme contraire aux traditions apostoliques et à ses propres libertés, au droit divin des monarques et à la paix des États. Les oligarchistes nationaux protestaient logiquement contre leur superbe adversaire.

Quelle fut son œuvre, dont une moitié resta debout, et tant attaquée par les puissants comme par les philosophes ? Celle que le géant Karl-Mann n'avait pu fonder par les armes, le rêve éternel du moyen âge et du monde : l'unité ! — Plus encore : la substitution du double pouvoir spirituel, le droit et la vertu, aux deux vieilles suprématies barbares, incarnées sous les divines majestés temporelles : la force et le sensualisme. Si sa pieuse intention l'a trompé, comme dit le poëte impérialiste avec l'Église gallicane, est-ce dans son but ou dans ses moyens temporaires ? Qu'y avait-il alors de meilleur pour le salut humain ? Nous n'avons point à résoudre ici un tel problème. Nous exposons simplement les faits (2) : naïades qui dénoueront la plus forte énigme. Quoi qu'il en soit, au milieu des rudes traverses, où son talon hautain cherchait à écraser l'aigle reptile qui le mord et à réfréner

(1) Grégoire XIII inséra le premier son nom dans le calendrier en 1552 ; la légende de Benoît XIII, qui prescrivait sa fête pour l'anniversaire de sa mort advenue le 25 mai 1085, se trouve dans l'ouvrage intitulé : *L'avocat du diable ou Mémoires historiques sur la vie et la légende de Grégoire VII*, par Adam, curé de Saint-Barthélemy à Paris, 3 vol. 1743.

(2)   *Ma tosto fien li fatti le naiade,*
     Che solveranno questo enigma forte.

Mais bientôt les faits seront les naïades qui résoudront cette énigme ardue. (*Purg.*, ch. xxxiii.)

les sauvages monarchies, le combattant sacré fut magnanime et
loyal ; sa réformation, en harmonie avec les lumineux ascètes
du temps, et peu sympathique envers les beautés païennes, y dé-
couvrait les vices déifiés, les effroyables corruptions de la Renaissance. Elle voulait prévenir et activa fatalement, ou par l'impé-
ritie de ses continuateurs, la réforme luthérienne, recélée dans
ces guerres, dans ces imprécations et dans ces désordres.

GRÉGOIRE VII A SALERNE.

Les antipapes et les théoploutocrates.

Pape Satan ! Pape Satan Aleppe ! (1) hurle dans l'enfer, au début
du septième chant, le démon Plutus, le loup de la louve apparue
sur le chemin de la belle colline, l'ancien et toujours très-cher
dieu des ploutocrates ou thésauriseurs. Les pontifes qui tournent
éternellement dans son cercle, avec les clercs et les cardinaux,
luttant les poings fermés contre les prodigues aux mains ouvertes,
se distinguent uniquement à leur tonsure (2).

Ceux-là, défigurés par leur lutte convulsive, le poëte ne les désigne ni ne les reconnaît. Je me garderai de chercher en arrière leurs
noms historiques. Assez d'autres nous donneront les variantes des
vices engendrés par la cupidité, la grande *mérétrice*. Notons-le toutefois ; il y a deux sortes de théoploutocrates, les uns qui amassent
pour leur gloutonnerie ou leurs familles, les autres désintéressés
pour eux-mêmes, avides seulement pour l'Église ou leurs com-

---

(1) Expressions hébraïco-latines, régulièrement intraduisibles jusqu'ici, malgré
tous les efforts des savants, et dont le jeu d'antiphrase transforme en *papé*
l'italien *papa*, c'est-à-dire le pape, pris là au point de vue temporel. (*Pluto-Dis*, le
dieu infernal des richesses, *il gran nimico*. Enf., ch. vi). V. le liv. des Allégories.

(2) *Questi fur cherci, che non han coperchio*
Piloso al capo, e papi e cardinali,
In cui usa avarizia il suo soperchio.

Ceux qui n'ont pas de cheveux sur le sommet de la tête, furent des clercs,
des cardinaux ou des papes, asservis charnellement au joug de l'avarice.
Enf., ch. vii.

munautés. Ces derniers appartiennent surtout au cycle actuel et se confondent avec les théocrates. Les traits de l'arc dantesque les frappent alternativement comme les rejetons jumeaux d'une même souche. Le bizarre appel ploutonien, dont la langue hybride défie les commentateurs et les philologues, désigne certainement ici à la fois, selon la parodie démoniaque et les antithèses communes au moyen âge, le pape de l'enfer, le pape devenu prince et seigneur, le satan ou l'ennemi, l'antipape, l'antichrist, annoncé pour l'an mil, et suspendu depuis sur les têtes.

Une femme, une illuminée, religieuse comme la poétesse Rhosvita, la sainte comtesse Hildegarde (1), également vénérée par l'abbé de Clairvaux et tous ses contemporains éminents, semble résumer dans ses prophéties l'esprit de la période où l'on entre. Voici ce qu'elle prédit sous le voile monacal : « Une terrible scission éclatera dans l'Église, vers la fin de la cinquième époque... et les empereurs d'Allemagne perdront leur gloire, et l'empire se déchirera. Alors, viendra le fils de la damnation éternelle, l'antichrist. » L'antichrist se nomme l'antipape et l'anti-empereur, l'idole allemande, avant de se nommer le protestantisme et la révolution ; et l'on compte simultanément des dynasties de schismatiques dans la papauté comme dans l'empire. L'orthodoxe unitaire toscan, deux siècles plus tard, contemple avec un douloureux effroi leurs lignées lamentables dans deux vastes girons de la Géhenne (2). Il aperçoit, jusque dans la vision de l'Eden, sur le char apocalyptique, les deux figures néfastes : le renard et le dragon, l'hérésie chrétienne et l'hérésie musulmane, le schisme aux sept têtes (3).

(1) Abbesse de Saint-Rupert, diocèse de Mayence, dans le xii° siècle ; elle a laissé un livre de prophéties et des commentaires mystiques sur l'Évangile.

(2) *Enf.*, ch. x et ch. xxviii, la cité de feu ; — 6ᵉ cercle ; Malebolge, 9ᵉ vallée du 8ᵉ cercle.

(3) *Purg.*, ch. xxxii. — Voyez le livre des Allégories.

L'antipape, sa personnification vivante, monstre le plus difforme entre toutes les bêtes ploutoniennes, a surgi obscur dès le
IIIe siècle, pendant la captivité de saint Corneille. Depuis lors,
comme les comètes, des lueurs sinistres par intervalle ont signalé
son passage, avec les tempêtes des persécutions et des factions.
Par un coup sans remède, le schisme que le prélat Photius
emprunte à Photin le diacre élargit profondément la scission
des deux parties jumelles du monde césaréen, où l'évêque de
Rome et le patriarche de Constantinople se prétendent tous deux
universels. Chose prodigieuse ! il s'y dessine en même temps
deux empires, deux Églises, deux pontifes, et deux Anathases, si
bien que l'orthodoxe Florentin lui-même se trompe, et, prenant
l'un pour l'autre, plonge dans un brûlant sépulcre le pape fidèle,
Anathase II, au lieu de son homonyme impérial, Anathase le
Silenciaire, hétérodoxe mort foudroyé par le feu céleste (1). Sous la
dynastie saxonne précédente, les empereurs et le peuple romain
et les marquis ou marquises de Toscane , dans leurs sauvages
conflits, ont eu chacun leurs papes prétoriens. Maintenant les
partis siégent dans le conclave, où les communes italiennes et
les puissances rivales intronisent leurs représentants.

Les comètes avaient généralement pour queues les contre-empereurs ou les anti-rois, leurs météores satellites. Deux papes élus,
parfois à majorité égale ou indécise ! deux moitiés de saint Pierre
en permanence, deux pontifes antagonistes du Dieu d'amour et de
paix se lançant des bulles et des épigrammes latines, deux vérités inconciliables et deux unités ne faisant, comme l'âme reptile
du bolge des métamorphoses, ni deux ni un, *né duo né uno* (2), phénomène inouï ! Deux porte-tonnerre s'anathématisant et contre-

---

(1) *Enf.*, ch. XI. — Cette méprise, fondée sur une fausse chronique, est depuis longtemps reconnue.
(2) *Enf.*, ch. XXV, transmutation des esprits et des serpents.

faisant leur divinité ! Quelle parodiation sacrilége, type des anor-
malités et des discordances humaines. L'effroyable guerre européenne s'y incarne, car les papes sont guelfes et les antipapes
impériaux. Voilà pourquoi le gibelin ne les personnifie pas,
excepté dans la terrible image de leur cercle : un damné tenant
à la main, comme une lanterne, sa tête séparée du tronc (1).

L'histoire, l'histoire légendaire, à défaut du poëte, en offre
une autre image plus directe et non moins saisissante, la papesse
Jeanne. On la place dans les annales confuses, entre des schismes
et des règnes sans effigie, à côté d'un Anasthase, 3e anti-pape. Elle
se nommait, dit-on, Jeanne Gilberte (2). On la supposait tour à
tour Anglaise et Allemande, parce qu'elle parlait plusieurs langues.
Elevée sous le costume masculin, elle avait étudié à Athènes, et
sa haute science lui valut seule la tiare. Elle mourut dans une
procession, en mettant au jour un enfant, dont un moine, cardinal ministre, fut réputé le père. Le peuple consterné l'abandonna,
non loin de l'amphithéâtre Flavien, où elle expira dans les souffrances les plus aiguës. Une coutume incontestable existait encore
sous Léon X, comme en témoigne le *Papam virum habemus* (nous
avons un pape homme). On vérifiait le sexe de l'élu, soit par
une mesure de prudence, soit pour prévenir les hypothèses populaires. Nos encyclopédistes ont beaucoup ri de la chronique, attribuée aux adversaires de la papauté ; je la trouve plus triste que

(1) *Enf.*, ch. XXVIII. *E 'l capo tronco tenca per le chiome*
                Pesol con mano, a guiso di lanterne,
                E quei mirava noi, a dicea : O me!

Et le corps tenait par les cheveux la tête, — suspendue à la main comme
une lanterne, — et la tête nous regardait, gémissant : Hélas!

(2) Plusieurs la confondent avec le pâle Jean VIII ou avec l'impur Jean XIII,
dont elle aurait pris le nom. Pour nous, cette chronique dénote une vérité bien
simple ; on a désigné ainsi satiriquement l'un des Jean, gouvernés par ses favorites, ou l'une de ses favorites elles-mêmes. Les incidents et l'esprit populaire, contre les suppositions duquel durent se prémunir les conclaves, auront
fourni le surplus.

risible. Elle peignait trop bien l'époque. La papesse Jeanne devrait figurer vis-à-vis la tête lanterne.

Un célèbre satiriste, sous des figures d'une autre espèce, raillant le triste phénomène, trace ainsi sa monographie tout entière. « Vrai est qu'il y ha environ deux mille sept cents soixante lunes que furent en nature deux papegaux produicts, mais ce fut la plus grande calamité qu'on vit onques en ceste isle. » Car (disait Editue), « tous ces oiseaulx ici se pillarent les uns les aultres, et s'entrepelaudarent si bien ce temps durant, que l'isle périclita d'estre spoliée de habitants : part d'iceulx adhéroit à un et le soustenoit; part à l'autre, et le deffendait; demourarent part d'iceulx muts (muets) comme poissons, et onques ne chantarent, et part de ces cloches comme interdicte coup ne sonna. Ce séditieux temps durant, à leur secours évoquarent empereurs, rois, ducs, marquis, comtes, barons et communaultés du monde qui habitent en continent et terre ferme, et n'eut fin ce schisme et ceste sédition, qu'un d'iceulx ne fut tollu (ôté) de vie, et la pluralité réduicte en unité (1). » Le dualisme mortifère si véridiquement, si narquoisement décrit au seizième siècle par maître Rabelais, désignait les papes rivaux de Rome et d'Avignon, l'alpha et l'oméga.

Cet ancien fléau que n'a pu dompter Grégoire VII, et qui ricanait devant sa tombe sous les traits de Guibert dit Clément III (2),

(1) Rabelais, 5ᵉ livre de Pentagruel, chap. III.
(2) Voici un échantillon des épigrammes que cet antipape et Urbain II se renvoyaient, au milieu de leurs collisions prolongées..

CLÉMENT III A URBAIN II,

Réfugié en Campanie, après son échec devant Rome.

Diceris Urbanus, cum sis projectus ab urbe;
Vel muta nomen, vel regrediaris ad urbem.

On t'appelle Urbain, quoique chassé de l'enceinte urbaine;
Ou change de nom, ou retourne vers le sol urbain.

revient s'asseoir sur le trône pontifical, en face de Calixte II, sous le nom de Grégoire VIII, dont se décore l'espagnol Maurice Burdin. L'antipape Maurice est soulevé par Henri V, et lui-même, la veille sacrilége, anti-empereur de son père excommunié, veut reconquérir ses anciens droits vis-à-vis du saint-siége. Mais Calixte, soutenu par le peuple romain et l'épée normande, comme naguère Hildebrand, brise son joug. Il donne ou emprunte un autre exemple aux prétendants schismatiques et à leurs superbes patrons. L'antipape escorte son triomphe; revêtu d'une peau de chèvre sanglante, les cornes retombant sur le front, on le promène dans Rome, monté sur un vieux chameau, la figure tournée vers la queue, en parodie des bachiques silènes. Dure leçon plutôt féodale que papale; elle fut reproduite sur les galeries sacrées avec une inscription pompeuse. On y reconnaît le fils d'un duc de Bourgogne, Guillaume Tête-Hardie; Maurice expia son rêve et le sang versé dans une forteresse.

La paix! la paix! crie le premier concile général de Latran. Il n'y a point de paix pour les papes ni pour les empereurs, point de paix pour les peuples ni pour personne. Le fléau protée remonte à cheval, brandissant sa lance pour la cause d'Anaclet, appelé fils de juif. Nous avons indiqué au début comment s'y dénommèrent les deux factions belligérantes, assoupies un instant par le chevalier apostolique, saint Bernard, pontife sous la bure. Une assemblée de prélats français et la victoire confirment Innocent II; Anaclet, tête de fer, tombe sans se briser ni fléchir. La roue de la fortune change cette fois les rôles. L'empereur

RÉPONSE D'URBAIN II A CLÉMENT III.

Clemens nomen habes, sed clemens non potes esse,
Tradita solvendi cum sit tibi nulla potestas.

On l'appelle Clément; mais tu ne peux porter ce nom,
Car aucune puissance ne t'est donnée pour absoudre.

L'ANTIPAPE BURDIN

Promené dans Rome sur un chameau.

Lothaire III, son fidèle contre les Normands et les Welfs, champions de son adversaire, incline l'aigle devant la louve et s'agenouille pour demander le sacre. Il est surnommé *l'homme du pape*. Un tableau perpétue ce deuxième triomphe dans le palais pontifical.

Mais le schisme vaincu se redresse contre Alexandre III avec l'homme de l'empereur, Octavien ou Victor II. Le diable s'y fait burlesque, comme dans le vingt-deuxième chant *de l'Enfer* (1). Au moment où l'élu revêtait la chape rouge, Octavien, son rival dans le conclave, la lui arrache, et dans sa précipitation la met à rebours sur son dos. Jugez du rire. La sérénissime assemblée en ébranla les voûtes latéranes, comme les dieux d'Homère autrefois les voûtes olympiques, quand ils voyaient courir leur boiteux échansons. Octavien, appelé depuis, comme notre bon roi Dagobert, le *pape à l'envers*, n'en fut pas moins installé en double par une troupe de satellites armés ; comme les précédents, il a des successeurs élus par les coalitions adverses et siégeant à l'aventure dans les lieux amis. L'hilarité moqueuse gagne les esprits, les hommes et les bêtes ; on psalmodie sur un ton baroque au sabbat et dans la messe des Innocents. On aiguise les sarcasmes et les glaives. La basoche et le clergé se parodient dans les fêtes rabelaisiennes de l'âne et des ribauds, pendant que deux recteurs, deux antipapes civils, hérauts des guerres scolastiques, s'érigent en bonnets carrés sur le trône universiaire (2).

(1) La joute du Navarrais Ciampolo avec le démon Calcabrina s'y trouve précédée par la pentagruélique *trompette* de Barbaricia, et Virgile répète, au trente-quatrième chant, par une application profane, le verset de l'hymne saint : *Vexilla regis prodeunt.* Déjà le chantre du moyen âge, dont il peint les deux côtés, malgré sa foi, caricature dans son pandæmonium le cérémonial chevaleresque et liturgique.

(2) Ces deux recteurs étaient maître Albéric de Reims et Siger, le professeur éminent de la rue du Fouarre, dont la double élection y produisit, vers 1270, une assez longue dualité dans l'enseignement. (Voyez, au livre III, la biographie de Siger.)

N'entendez-vous pas bruire au loin les cloches diaboliques agitées par le moine mendiant, joyeux curé de Meudon ? Elles carillonnent pour un monde à l'agonie. O cyclope sonneur ! le théologien poëte, tertiaire menorite, ni saint François, leur patron, n'avaient prévu cet enfant terrible. Le démon Plutus a bien pour filiation le dieu pape, qui trône dans l'île des Papimanes, le phénix Papegaut, le dieu de l'île sonnante, l'unique, et l'île des Papefigues, ces impies Gibelins qui faisaient la figue à Rome (1). Ceux-là, dont Voltaire sera l'un des patrices, frappent directement l'unité, la catholicité. Les rois et les papes des fous, satiriquement renouvelés des mascarades païennes, y préludent en processions grotesques.

Déjà se lèvent, le dialectisme sur les lèvres, d'autres antago·nistes plus dangereux ; les chefs de sectes et les philosophes, Pierre de Brueis et Abélard, et leurs nombreux disciples, les dogmatiques et les politiques. Le Forum ébranlé mugit comme sous les Gracques. Un pavé néfaste tue au milieu d'une émeute l'ex-bibliothécaire Caccianimico, Luce II, dont un descendant habite là-bas Malebolge, le lieu maudit (2). Inscrivez en regard un nom : Arnaud de Brescia, premier hérétique brûlé sous Adrien dans la Rome chrétienne, dont les soldats impériaux gardent les portes. Saint Pierre est prince temporel.

Adrien IV, fils d'un pauvre clerc anglais, ex-prieur de Saint-Ruff en Languedoc, s'appelle de son nom paternel Nicolas Breakes-

(1) Rabelais, livre IV de Pantagruel, chap. xlv à xlvii — Et livre V, chap. i à viii. — Relisez dans l'*Enfer,* les scènes comiques des dix démons conducteurs et des hypocrites porte-chapes, ch. xxi à xxiii ; dans le *Paradis,* les dithyrambes contre les cardinaux du *farniente* et les capuchons où niche un tel oiseau. *Ove s'annida tale uccello (Satanas.)* Ch. xxi et xxix.

(2) *Enf.,* ch. xviii. Le seigneur Venedico Caccianimico, que l'opinion accuse d'avoir livré sa sœur, la belle Ghisola, au marquis Obizzo d'Este, et durement fustigé par les démons pour son méfait.

peare (brise-lance) ; théoricien et praticien méthodiste, parmi les
théoploutocrates rigides, il préconise carrément leur dogme. Chacun a posé sa pierre à l'édifice d'Hildebrand ; ceux-ci traquent les
deux hydres indestructibles, la simonie et la corruption cléricale ;
ceux-là étendent leur juridiction sur les monarques, rendus les vassaux du saint-siége. Le vainqueur d'Anaclet, par un grave coup d'É-
tat peu remarqué, enlève au peuple romain son vieux droit de vote
dans l'élection des pontifes, comme on le lui avait enlevé dans
l'élection des empereurs ; d'autres lui retirent les dernières formes
républicaines, simulacres caducs dont s'accommodaient les anciens
évêques, Des révoltes effrénées disputaient chaque lambeau.
Nicolas Breakspeare a voulu les étouffer d'un coup avec le chef
des politiques. Plus libre, il se fait le défenseur de la théocratie
papale et de son patrimoine ; il tonne contre leurs sacriléges
violateurs : Les rois tudesques et les aventuriers normands. Au
moine saxon se ramifient les querelles éternisées pour la donation de Mathilde et la terre bénie des Deux-Siciles, toutes les
taxes universellement nommées la dîme de saint Pierre ; tri-
buts, rachats, pénitences, droits de conquête ou hommage-liges
de fidélité : « Nourriture dont s'engraissent le porc de saint An-
» toine et d'autres *peggio che porci*, pires que des porcs (1). » Re-
gardez les hôtes masqués du cercle de Plutus. Aleppe...

Nous sommes loin des temps de l'Église primitive, dont le poëte
oppose constamment dans ses satires le tableau à ceux de
l'Église moderne, temps où fleurissait la *rosa mystica*, « la belle
épouse conquise par les clous et la lance, » — où deux humbles
pontifes, Egidius et Sylvestre Ier, se déchaussent pour suivre, pieds
nus, sa chaste sœur, l'épouse de François, la Pauvreté (2).

(1) *Par.*, ch. xxix.
(2) *Paradis,* ch. xi et xxxi. — Le royaume divin, on le verra mieux, offre
le monde pur et idéal, la société chrétienne rêvée, comme l'*Enfer*, le monde
déchu et subversif, la société humaine, *male condotta*.

Adrien laisse sa mère indigente, et vit sobrement au milieu de la corruption dont la pompe l'entoure ; mais il la croit incurable, ou la regarde comme une captive triomphale. Quand des voix amies la lui placent sous les yeux, il les détourne vers ses projets favoris. Son roi national, l'amant de *la Rosamonde*, pour s'approprier l'Irlande, lui paiera quelques deniers par chaque maison conquise, et la lui soumettra bientôt en vassale fidèle avec l'Angleterre. Le rusé Normand, pour garder son doux royaume sicilien, sera trop heureux d'acheter l'indulgence au même prix. Frédéric Barberousse, tout fier qu'il soit, pour être sacré empereur et ressaisir ses chères communes lombardes, tiendra l'étrier de son cheval (1). Le flegmatique pontife lui dira ensuite qu'il lui a octroyé l'empire comme un bienfait, un bénéfice, un fief, car le mot latin *beneficium* signifie les trois choses ; si le Hohenstaufen se fâche devant une interprétation pareille, il l'apaisera en lui exprimant son regret de n'avoir pu lui offrir un bienfait plus digne de sa grandeur. Enfin, dans une épître où il défend contre lui un prélat emprisonné, suivant une application biblique, il intitule les évêques *dii et filii Excelsi*, des dieux et les fils du Très-Haut, ce qui établit les pontifes archi-dieux. Les peuples, ballotés entre la régale et la dîme, se divisent comme les antipapes ; un grand nombre s'allie, contre la cour angélique, aux satans, aux empereurs et aux légistes.

(1) Voyez les empereurs gibelins, à partir de Frédéric Ier, pour les curieux détails sur les luttes renaissantes, dont il est successivement question, entre le sacerdoce et l'empire.

SYLVESTRE II DANS LE PALAIS SOUTERRAIN.

(Vieilles chroniques.)

SYLVESTRE II (le moine GERBERT) premier pape français, naquit d'une famille obscure, parmi les laborieux montagnards de l'Aquitaine, aujourd'hui l'Auvergne, dans les environs d'Aurillac (1). Remontons un peu la chaîne des temps. Bien qu'il appartienne à la période des grands saints Léon et Grégoire l'harmoniste, dont il complète la triade, nous devons le placer ici à plus d'un titre. Il personnifie, avec notre avénement national, un autre

(1) Bsovius, pour rehausser sa généalogie, fait descendre Sylvestre II, par une illustre famille romaine, d'un roi d'Argos nommé Temenus et de la race d'Hercule : ce qui donne pour ancêtre à ce pape le grand Jupiter. Peut-être voulait-il symboliser ainsi sa science de l'antiquité profane ? *Obscuro loco natus*, dit plus modestement la chronique de Saint-Géraud, d'une honnête et humble famille de laboureurs, dans le petit village de Belliac.

côté plus mystérieux, dans le mouvement universel où il devança le moine Hildebrand : la véritable lignée dantesque. S'il n'a pas revêtu l'auréole béatifique, un rayon non moins merveilleux illumine, à travers les ténèbres lointaines, sa grave figure épiscopale. La légende ou plutôt une singulière version contemporaine lui imprime son cachet fabuleux.

Vers cette époque, où les traditions sacrées et les bouleversements sociaux annonçaient la fin du monde aux peuples effrayés, un ex-prieur de Bobio, archevêque de Ravenne, fut élu pape l'an 999, avec l'aide du démon et de l'empereur allemand. Moine longtemps disparu, il avait, disait-on, appris l'art magique chez les Arabes, et employé des sortiléges pour parvenir à l'épiscopat, puis à la papauté. Plus adonné aux inventions occultes qu'à la prière, il avait fabriqué une tête de bronze, par laquelle l'esprit tentateur lui parlait (1). Ses prodiges ne s'accomplissaient pas sans un pacte, comme en firent Simon le Samaritain et ses pareils. En visitant les ruines de Rome, il découvrit une statue d'airain, dont le doigt indicateur désignait l'Orient ; il s'avança et la toucha. La statue se fendit et livra un passage qui descendait dans un souterrain immense. Le roi goth Roderic avait éprouvé semblable aventure en visitant un vieux palais de Tolède. Mais il rencontra, au lieu des richesses rêvées, des trophées d'armes étrangères, des sépultures terrifiantes, avec des inscriptions annonçant l'invasion d'une race d'hommes noirs, les Sarrasins, ce qui advint par le père de la Cava et détruisit son empire. Le pape Sylvestre, c'était lui, trouva dans sa Rome souterraine des trésors inconnus et d'éblouissantes statues en marbre, couronnées de diamants. Courte vision. L'esprit fallacieux lui avait promis qu'il ne mourrait pas sans avoir

(1) C'était, sans nul doute, une tête mécanique servant à ses études, comme l'androïde d'Albert le Grand : automate microscome, avec des divisions astronomiques et physiologiques correspondantes.

célébré la messe à Jérusalem ; souvent il y songeait. Or, il existe à
Rome une église commémorative nommée Sainte-Croix de Jérusalem, bâtie par Constantin, et où de belles peintures à fresque repré-
sentent aujourd'hui les martyrs. Après y avoir officié dans une sta-
tion, il fut saisi d'un froid mortel, et il expira la nuit suivante (1).
Comment? Nul ne le sait au juste. Malgré ses abondantes aumônes
et les clefs apostoliques, dont son ange gardien invoquait pour son
salut l'auguste privilége, le démon vint réclamer son âme dans
une lutte sinistre, empreinte sur son cadavre. Avant sa dernière
heure, il avait demandé qu'on le mît sur un char traîné par deux
chevaux blancs, et qu'on l'enterrât à l'endroit où les chevaux
s'arrêteraient ; on exécuta ses volontés, et les chevaux s'arrêtèrent
devant la basilique de Latran. Le caveau où on l'ensevelit suinta
pendant trois siècles : phénomène attesté par divers témoins, entre
autres, vers 1250, par Jean, diacre de la basilique.

Ces vieilles fables, dont le costume poétique marque les époques incultes, cachent parfois d'ingénieuses allégories et tantôt
de grossières superstitions. La vérité toute simple vaut mieux. Dé-
chirons en hâte leur voile qui nous a longtemps dérobé un grand
pasteur, un de nos flambeaux primitifs.

Le moine aquitain, élevé dans l'abbaye de Saint-Géraud, et
dont le comte de Barcelone protégea les aspirations précoces, fut
l'instituteur des princes et des clercs, comme l'illustre Fénelon,
avant d'être le pasteur des peuples. Il dut à son génie et à
ses vertus seules l'appui des Othons, ses disciples empereurs, et celui de Hugues Capet, qui lui donna l'archevêché de Reims, en récompense de ses doctes et sages enseignements à Robert le Pieux.
Instruit dans les choses divines et terrestres, appelées sciences

(1) Des chroniques assurent que le diable lui apparut sur l'autel, et y saisis-
sant un Christ d'or, l'en frappa mortellement. La vision du souterrain est aussi
racontée avec des variantes.

occultes, il nous ramène à la fois vers la crèche de Bethléem, où il eût adoré parmi les Rois mages l'enfant sauveur, et vers le bercail scolaire, où allaient s'abreuver les générations, car il dirigeait dans son diocèse une remarquable école philosophique, dont sortirent les maîtres de Thomas et de Siger (1).

N'est-ce pas le jeune pâtre qui la nuit interrogeait les étoiles, sur les monts chevelus où il conduisait ses chèvres? Au milieu de leurs myriades scintillantes, dont ses doigts traçaient les hiéroglyphes mobiles sur le sable, n'avait-il pas entrevu la sienne qui lui murmurait : lève-toi, enfant, marche où Dieu te pousse?

L'étoile prédestinée le conduisit, comme les trois messagers Parsis, dans le nouvel Orient, là où les hommes noirs destructeurs, par une loi providentielle, avaient transporté la lumière et les parfums d'Hermès. Pour les connaître, dans son ardeur insatiable, il avait quitté tout jeune la robe monacale et les protectorats seigneuriaux. Après avoir fouillé les cryptes de nos églises et les Sommes de nos savants évêques, la Catalogne et le Roussillon, il s'était assis incognito, à Séville et à Cordoue, dans les universités des docteurs musulmans. La philosophie, les mathématiques, l'astronomie, les trois muses trismegistes, lui révélaient leurs secrets. Véritable magicien, il avait inventé une horloge à roues, un orgue hydraulique, mu par l'eau bouillante ou l'application de la vapeur, essayé la puissance de l'électricité sur les métaux et sur les âmes, et il introduisit parmi nous les chiffres arabes, avec l'usage perfectionné des sphères et des cadrans (2). Ses trésors

(1) Siger, l'éminent professeur de notre université parisienne, dont le proscrit florentin a entendu les leçons. (Voyez sa biographie.)

(2) Il construisit, entre autres, l'ancienne horloge à balancier de l'église de Magdebourg, qui marquait les saisons, les mois, les jours et les phases lunaires. Ses investigations scientifiques, dont l'étude n'entre point dans notre cadre et a déjà occupé des esprits compétents, offriraient d'autres observations précieuses sous tous les rapports. (Voir les bénédictins J. Sabatier, L. Barse, etc.)

étaient les connaissances ignorées du vulgaire, ses statues merveilleuses, aux royaumes souterrains, les génies du passé qu'il
allait interroger sur les décombres, et signifiaient ses fouilles
archéologiques dans la vieille Rome.

Docte entre les doctes, on l'appelait comme Aristote, le philosophe par excellence ; comme Apollon, le physicien et le médecin ;
comme les califes Abassides, le géomètre et l'astronome. Lui, se
qualifie modestement l'abbé écolâtre, *Amantissimus æqui et veri*,
l'amant de la justice et de la vérité. Les richesses encyclopédiques
n'étaient pas, comme dans la scolastique moderne, des branches
éparses incidemment groupées, des étincelles sans foyer. Non, un
soleil idéal les reliait autour de son zodiaque. La géométrie lui pa-
rait surtout admirable, parce que cette science fait mieux comprendre la puissance divine qui agit avec nombre, poids et mesure.
Différant du maître stagyrite, il place la musique en second parmi
les arts civilitateurs, car il savait sans nul doute que l'harmonie ou
l'unité fonde la loi céleste et le salut social. L'unité, il se déclare
prêt à mourir pour elle ; mais il la cherche à l'opposite des théocrates. Sa doctrine se définit nettement là-dessus. Il veut dans sa
sincérité la *respublica ecclesiastica*, pondérée par les assemblées
des évêques, suivant la parole de saint Cyprien : L'Eglise est dans
l'épiscopat. Il appelait publicain et païen le pape Jean XV qui bra-
vait leurs conciles, et il composa un livre admiré sur la dignité
spirituelle du sacerdoce. Au nom des règles évangéliques et canoniques, il y condamne ce que les Grégoriens préconisent : la
doctrine du pouvoir temporel. Son *Credo* (1), c'est la doctrine catholique pure de Dante et du clergé gallican, qui la reproduisirent
tour à tour sans le connaître, car les traditions primitives la trans-
mettaient à tous. Il l'a également défendue avec courage contre

(1) Voyez le *Credo* du fidèle de Béatrice interrogé par saint Pierre ; il est textuellement conforme à celui de Gerbert. Parad., ch. xxv.

le violent pontife, son persécuteur, et contre la corruption répandue dans la haute milice chrétienne.

« Rome, écrit-il dans sa disgrâce à son ami l'archevêque Villebolde, Rome a été regardée jusqu'ici comme la mère de toutes les Églises ; maintenant elle passe pour donner des malédictions aux gens de bien, et des bénédictions aux méchants. » La simonie, la nouvelle plaie européenne, il l'appelle la lèpre de Giesi. Comme le poëte théologien, dont les chants glorifient les païens doctes et justes, le disciple des théosophes orientaux recherche et propage la vérité dans toutes ses sources. Il n'interprète certes pas la tradition de l'arbre défendu, suivant les obscurantistes ; lampe vigilante, il éclaire et se plaît à éclairer, non à incendier. « On doit traiter le salut des âmes avec une grande modération, » telle est sa lumineuse devise. Pour la charité seule, il admet le zèle ardent ; la charité trop rarement unie à la science mondaine, et trop souvent séparée de la foi religieuse, il en fait la première vertu, la vertu ecclésiastique et impériale. C'est la clef de l'harmonie.

Vous esquisserai-je sa vie errante, agitée, laborieuse ? Tous nos historiens, en relatant la rude fondation de la monarchie capétienne, consacrent une ou deux pages pour vous expliquer comment Gerbert, archevêque professeur, chancelier de la couronne, involontairement mêlé à ces luttes, et nommé en place d'Arnoult, le traître bâtard carlovingien, se vit brutalement interdit par Jean XV, en hostilité avec le nouveau roi ; comment il résista au nom des évêques et de son investiture, et finit par se retirer chez l'empereur, son refuge contre les dégoûts et les tracasseries. Grand deuil pour sa merveilleuse école rémoise. Le fiel de la malice et de l'adversité ne l'épargnèrent pas, ni dans son abbaye de Bobio, donation d'Othon le Grand, où il était mis au jeûne forcé par les spoliations des seigneurs lombards, et où, pendant ses longues absences, on

élit des intrus (car quand les prêtres ne plumaient pas, on les plu-
mait) ; ni dans son archevêché champenois où il rencontrait pour
antagonistes les partisans de la puissante famille dépossédée : témoin ses nombreuses dialectiques et lettres justificatives aux juridic-
tions épiscopales ou royales : controverses vénéneuses, intrigues
diplomatiques dont la lime aurait usé un moins robuste en lui apprenant les tromperies du monde : la science amère. Au fond, il y
posait et y débattait sa doctrine. Ses tribulations ne l'empêchaient
pas de construire des astrolabes et des instruments de géométrie,
d'enseigner ses chers élèves, et d'entretenir avec tout le clergé
savant des correspondances littéraires sur les nouveautés en les
antiquités. Le même homme, à Ravenne, devant l'empereur et
une assemblée d'élite, soutint contre Odric, le plus fort mathématicien de Saxe, une joute mirifique sur l'un de leurs problèmes
familiers, comme le bachelier Dante à Vérone, dans une église,
sur le feu et sur l'eau. Ayant syllogistiqué tout le jour, sans vider
la question, l'Aquitain et le Saxon allaient disputer la nuit aux
flambeaux, si Othon II n'avait déclaré la séance close.

Une égale activité signale son court pontificat, dont le premier
acte est la réintégration généreuse d'Arnould, son ancien adversaire. Il envoie au duc Étienne, un brave et un saint, la couronne
de la Hongrie ; à Boleslas le Bon, celle de la Pologne : conquêtes
pacifiques et précieuses. Infatigable, et ne se croyant pas infaillible,
quoique pape, il répond à toute requête, selon sa conscience et ses
lumières. Pour résoudre d'interminables querelles de primautés et
de fiefs entre les gros suffragants, il assemble plusieurs conciles ;
l'un, métropolitain avide, a pour lui une religieuse, nièce de l'impératrice : querelle insoluble ! L'autre, évêque de Padoue, revendique un vieux droit de possession sur l'église de Saint-Pierre située
dans sa ville. Le cas mûrement examiné, l'église de Saint-Pierre se
trouve naturellement appartenir à saint Pierre, c'est-à-dire aux

pontifes. Le plaideur déconfit n'ose souffler mot; mais ses amis lancent au juge l'épithète d'esprit rusé, malin : *Vafer ingenio !* la sentence valait un apologue. Une plus grave cause est appelée devant son tribunal. Le vicomte de Limoges a commis des violences envers l'évêque de Périgueux. Les cardinaux, presque tous attachés au peuple par leur naissance, ont à cœur de réprimer les audacieux excès féodaux, et le fils du laboureur aquitain, qui les avait éprouvés, tenait la crosse ferme contre eux comme contre les rapacités cléricales. Pour faire un exemple, l'assemblée décida que tout homme qui mettrait la main sur un prélat, serait écartelé et jeté à la voirie; on condamna le vicomte à subir le premier cette cruelle expiation (1). L'évêque est chargé lui-même d'exécuter dans trois jours sur le condamné sa propre justice. On lui livre le prisonnier. La veille de l'exécution, tous deux s'enfuient ensemble pendant la nuit, comme deux oiseaux échappés, et retournent chacun dans leur pays natal. J'affirmerais que le *Vafer ingenio*, voulant garder sa robe sans tache, avait tramé le dénoûment de concert avec le prélat.

Questions ardues, difficultés majeures, il apaise tout, avec un zèle modéré, y compris des émeutes causées par le joug allemand. Sa médiation obtient du jeune Othon III grâce pour les Tiburtins révoltés, car il arrivait à Rome dans des conjonctures mauvaises, et avec une situation funeste.

Les Guelfes et les Gibelins n'existaient pas encore de nom; mais les empereurs, invoqués tour à tour comme vengeurs ou soutiens

(1) La condamnation du seigneur Gui, vicomte de Limoges, rapportée par tous les historiens ecclésiastiques et laïques, d'après Adémar de Chabanais, presque contemporain, se trouve contredite par le récit d'Aimoin, autre narrateur du même temps, qui donne une version différente sur le voyage du vicomte à Rome (Voyez l'*Art de vérif. les dates*). Même en admettant la procédure, comme nous l'avons fait sous réserve, cette sentence barbare, dont le désaccord avec sa conduite habituelle a frappé chacun, ne saurait être sérieusement imputée au pape Sylvestre II, si l'on examine bien les circonstances.

dans les luttes intestines, pesaient déjà lourdement sur l'Italie et sur l'Église, et il était leur protégé, le précepteur impérial. Les royautés éphémères du Latium, relevées par les Adalbert et les Béranger, avaient péri sous leurs sabres. Une tentative républicaine, dirigée par le patrice Crescentius, venait d'être écrasée dans le sang : république orgiaque et sauvage comme son tribun, fille des marquises ou courtisanes papales dont je vous ai parlé (1). Cependant les vieilles histoires y montrent une restauration nationale enchaînée, une potence dressée par trahison au chef populaire qui s'était rendu sur parole. Sylvestre en porte la peine, malgré ses efforts médiateurs ; Othon III, l'empereur de vingt ans, était surnommé le Miracle, parce qu'il fut son disciple (2) ; malheureusement le Miracle imitait mal son maître et son aïeul. Il avait pris pour maîtresse la veuve du patrice traîtreusement pendu par ses ordres, et meurt empoisonné par elle dans une paire de gants.

D'après certaines chroniques plus sérieuses, l'implacable veuve méditait la même vendetta contre l'illustre précepteur (3). Serait-ce parce qu'il avait combattu le mariage sacrilége qu'elle rêvait, ou pour immoler à la victime un second holocauste solennel? Après l'empereur, le pontife ! Nous n'oserions conclure sans preuves. Tout cela contribua certainement à grossir le nébuleux dont fut obscurcie sa mémoire. Les fanatiques des deux camps ne le reconnurent pas dans sa ligne du milieu, et sa propre sagacité, tournée vers

(1) Le livre De l'Italie fera connaître, dans ses orageuses phases historiques, ce vieil esprit municipal qui n'a cessé de se manifester sous les empereurs comme sous les papes, et se rattache évidemment aux agitations modernes.

(2) C'est *le miracle* qui, pour engager l'archevêque de Reims à revenir lui donner ses leçons dans la cour d'Allemagne, lui promettait de composer autant de vers qu'il y avait d'hommes en France. O Musagète !

(3) D'autres prétendent qu'elle avait su résister et qu'elle vengeait sa fille séduite par Othon. Les versions ne s'accordent que sur deux points constants : la mort presque subite du jeune empereur et celle très-proche du pape Sylvestre.

d'autres phares, ne pénétrait point l'énigme sociale. Comprendre d'un même coup d'œil la vieille tradition romaine, la tradition de saint Pierre et la tradition arabe, c'était au-dessus d'un mortel, fût-il magicien; la question politique ne se dégageait ni dans la science ni dans les faits.

Auprès des trônes, où siégeaient les farouches dynasties autocratiques, où Othon le Grand rappelait de loin Charlemagne, se tenaient les muses tutélaires, comme souvent, leurs invincibles gardiennes, et la démocratie non moins cruelle, représentée par un impur bâtard, allait briser dans Tibur les monuments échappés à la fureur des Goths. C'était aussi les dieux adorés par Gerbert. Ne lui reprochons donc pas les qualifications hyperboliques remarquées dans ses épîtres *aux divines majestés* protectrices. Celles-ci les lui rendaient en formules respectueuses pour son double sacerdoce. Si l'abbé scolaire signe lui-même une fois *pape universel,* terme honorifique tout nouveau, il marque uniquement sous sa plume l'universalisme chrétien, car le chancelier ni le précepteur, pas plus que le pontife, ne s'associe nulle part aux actes d'orgueil et de barbarie. La puissance et la science, appelées également divines comme ayant leur vraie source en Dieu, traitaient alors de pair, et un noble comte d'Anjou répondait à Louis VI, prince ignorant comme tous ses barons, et qui le raillait parce qu'il étudiait le chant sacré au lutrin : « Sire, sachez qu'un roi illettré n'est qu'un âne couronné ! » Combien de monarques s'entendraient dire des vérités semblables, et combien de tribuns, dans ses jours de royauté, en ont osé dire autant au peuple ou à ses dictateurs !

Et lui, notre prélat montagnard, on aime à se le figurer, non pas dans les palais, où une trop lourde atmosphère l'environne; mais dans son laboratoire inconnu, soit lorsqu'il traçait sur l'ardoise ses géométriques problèmes, soit lorsqu'il façonnait au tour

ses globes astronomiques, travail pénible, écrit-il, soit quand il
faisait mouvoir les anches géantes de l'orgue dont il évoque les
symphonies religieuses. Cherchez-le là surtout dans son gymnase
basilical, où viennent s'asseoir successivement l'héritier capétien,
accompagné par Ugon, plus tard abbé de Saint-Germain des Prés ;
les célèbres pasteurs de Paris et de Chartres, Francon et Fulbert ;
le moine Remi, qui retourne ouvrir dans son abbaye de Mitlac une
brillante école analogue, d'où il envoie à son maître des sphères en
échange de livres ; et tous ses disciples amis, cénacle où les
muses donnent la main aux vertus cardinales. Le saint prélat de
Reims, Adalbert, dont il fut le secrétaire intime, y admirait son
éloquence naissante, et saint Bruno, le fondateur des Chartreux,
y occupera plus tard leur siége. Ainsi dans le siècle le plus
grossier, avant les maîtres troubadours et les maîtres universitaires, se poursuivait à l'ombre chrétienne le mouvement restaurateur commencé par le grand David occidental, résumé par l'épopée florentine, et dont la plupart ne voient l'aurore qu'à la
Renaissance. Générations des idées, trop négligées pour les filiations chronologiques ou dynastiques, combien vous êtes merveilleuses et instructives !

Un caractère dominant, je le répète, frappe et apparaît dans le
moine de Saint-Géraud : l'homme intellectuel qui s'allie sans s'y
confondre à l'homme sacerdotal, le philosophe sous le costume de
l'abbé, l'apôtre professeur, à la doctrine vivifiante, à la parole et
aux mains actives, le poëte mécanicien, organiste des vieilles cathédrales, l'architecte de la vieille franc-maçonnerie scientifique
et catholique ; la science alors, c'est le catholicisme, tout latin,
par cela même antique et nouveau. Les monastères et les cathédrales, où ses enseignements se propagent, sont les écoles de nos
aïeux. La Grèce du Portique, ouverte à peu d'initiés, ne luit encore que par son intermédiaire, et pour un seul, par le rayon de

l'Yemen. Examinez le triple mélange empreint dans ses princi-
paux ouvrages : son beau livre sur les droits et les devoirs des
évêques ; — l'Abacus, table arithmétique dans le système arabe,
grimoire qu'on le taxait ingénument d'avoir dérobé à son maître
sarrazin ; — la Rithmomencia, combat des nombres et des chiffres,
traité algébrique semblable dans ses règles à notre jeu d'échecs,
basé sur les modes énigmatiques de Pythagore, et sous l'invocation de Boëce (1) ; puis une vie de saint Adalbert, son patron, et
un opuscule médical, ses onctueuses lettres à la reine de France
Adélaïde et à Théophranie l'impératrice, des cantiques et des
homélies édifiantes, des dissertations sur les sphères ptoloméen-
nes et sur les problèmes soulevés par le songe de Scipion, un
traité sur l'Eucharistie et des épitaphes impériaux, enfin des jeux
d'esprit naïfs comme les noëls ; par exemple, un vers latin sur la
rencontre de la lettre R dans les trois villes de ses promotions :
Reims, Ravenne, Rome.

Scandit ab R Girbertus R, post papa regens R (2).

Peut être il y a de la cabale là-dessous ? ô scolastisme innocent des
premiers âges !

Comme théosophe et mathématicien, je vous ai dit ses titres,
ses inventions. Quelques savants pensent qu'on lui attribue par
méprise celle de l'horloge à roues, dont l'importation eut lieu
beaucoup plus tard, et que le texte latin dont on l'a induite, indique un cadran stellaire, pour le règlement duquel il aurait employé un tube, c'est-à-dire un télescope ; sans discuter présente-

---

(1) Boëce, dont le *Traité d'arithmétique et de musique* se trouve souvent dans
les anciennes éditions avec l'Abacus, était son auteur favori, comme le consola-
teur de l'exilé toscan. On serait surpris, si nous démontrions tous les rapports
intimes établis entre deux génies inconnus l'un à l'autre, tellement la chaîne
spirituelle avait été fidèlement suivie.

(2) Gerbert s'éleva d'R en R et régna ensuite comme pape à R.

ment ce point, l'invention ne ferait que changer de forme. Comme évêque, il honora par ses mœurs et rehaussa par son courage éloquent la dignité de l'épiscopat, conformément à ce traité si beau qu'on l'attribuait à saint Ambroise. S'il y déploya contre *le publicain* une âpreté passionnée, il préféra sa démission au schisme, en fidèle servant de l'unité. Ne lui a-t-il pas fait un égal sacrifice, en signant au-dessous de Grégoire V, son prédécesseur, la douloureuse annulation du mariage de Robert, son élève devenu roi. Comme pontife, sur ce siége encore souillé des fureurs babyloniennes, il fit asseoir avec lui l'intégrité, le calme et la miséricorde. Il y réunit une dernière fois dans sa trinité spirituelle les trois branches sœurs, la papauté italique, les royautés franque et germaine dont il éleva les dynasties, l'une à son lever, l'autre à son déclin. Il eut une gloire dont les autres nous ont empêché de parler plutôt : celle que désignait sans contredit méchamment la prédiction de la messe à Jérusalem. Rendons-lui le tribut de César. Il adressa aux chrétiens la première supplique émouvante pour leurs frères opprimés, pour la ville captive où s'était accompli le mystère de la Rédemption (2). Là-dessus les Pisans équipèrent une flotte chargée de porter des secours, et l'envoyèrent comme une avant-garde européenne ; cet appel fut simplement repris sous une forme plus décisive par Hildebrand et ses successeurs.

Plus théoricien et lettré du reste qu'organisateur, traditionnel et non réformiste, Sylvestre II ne songea point à rien constituer. Les éléments n'étaient pas mûrs. Il rayonnait dans le monde, mais sur les hauteurs, où il dévoilait des arcanes pour l'avenir. Méconnu

---

(1) Les Sarrasins venaient d'en chasser les Turcs et y appesantissaient leur joug sur les chrétiens. Des pauvres pèlerins, fuyant la persécution, avaient apporté leur plaintes jusqu'au pontife. Son appel généreux, reporté au calife, ne provoqua pour lors que des représailles cruelles en Orient.

par l'ignorance contemporaine et travesti par l'envie rétrospective, malgré sa haute célébrité passagère, il ne laissa que des parchemins longtemps enfouis et un souvenir presque néfaste. Certains annalistes étroits ou malveillants le rangèrent parmi les papes illégitimes. Il est bien le pontife de cette pléiade déjà illustrée par l'évêque Virgile de Salzbourg, autre incompris qui avait deviné trois siècles avant les antipodes (1) ; magiciens dont Albert le Grand fut l'hiérophante glorieux au xiii\ :superscript:`e`, et dont les bûchers inquisitoriaux ont dévoré plusieurs sur la terre. Sans l'appui des Othons et des Capétiens, il aurait probablement subi une destinée analogue. Ni le diable ni le bourreau n'ont emporté son âme ou son corps. Mais, si nous en croyons le bruit relaté plus haut, le poison aurait rempli leur office, et nous expliquerait les mystères de sa fin.

Quoi qu'il en soit, sa meilleure partie spirituelle nous fut gardée, comme tant de chefs-d'œuvre, soit dans les cloîtres où les Bénédictins de Saint-Maur nous en ont déchiffré les textes, soit dans les bibliothèques de princes érudits, comme un comte de Lunebourg, un velf (2), qui fit imprimer en 1650 son Abacus, et la reine Christine (ô providence !) possédait une collection manuscrite de ses œuvres, transportée depuis dans le Vatican. Parmi les morceaux perdus, je recommande à votre souvenir une pastorale citée comme admirable, pour l'institution de la fête commémorative des fidèles défunts. L'an 1648, on retrouva son corps parfaitement conservé dans l'église de Latran, lorsqu'on y ouvrit son sépulcre pour la restaurer. Vêtu des habits pontificaux, la mitre en tête, les bras en croix, il paraissait dormir ; au contact de l'air, tout tomba en cendre, selon la loi commune. Il ne resta qu'une croix d'or et l'anneau pastoral, symboles de sa foi immortelle.

(1) Disons plutôt qu'il avait retrouvé leur loi connue des anciens, comme tant d'autres découvertes appelées modernes.

(2) Voyez pour sa filiation le passage qui concerne Henri le Lion dans la Biographie de Frédéric Barberousse.

Les Gallicans (1).

CARIATH-SÉPHER. — Une étoile nouvelle se lève à travers les
nuages dont le XI° siècle s'enveloppe ; c'est l'étoile Labarum qui
apparut dans la Gaule au dernier César de la ville éternelle et au
Sicambre fondateur de la monarchie mérovingienne, l'étoile mystérieuse que Sylvestre II portait sur le front. Rome, la cité antique
et sacerdotale, s'est élue une sœur, une gardienne prédestinée
dans les combats, une héritière dans le gouvernement des peuples. Cariath-Sepher, la ville des lettres, Paris, la métropole
intellectuelle, s'illumine par degrés ; son oriflamme irradie,

(1) Nous restituons ses glorieuses origines à l'Église gallicane en retraçant
ici sa première période trop négligée, c'est-à-dire notre importante action directe dans la papauté et dans le moyen âge. On ne connaissait généralement
que sa seconde période, dont Bossuet fut le plus illustre représentant, sa lutte
avec la cour romaine, où règnent d'autres influences, pour conserver son indépendance nationale et ses doctrines disciplinaires.

tantôt comme un glaive, tantôt comme un flambeau, entre l'aigle et la louve. La fille de saint Pierre, prête à descendre en lice, contre l'oiseau impérial, va resserrer ses nœuds d'amitié avec la terre franque, où se refugie toute une série de pontifes; la France est leur asile hospitalier, depuis que Pépin le Bref et l'invincible Karl ont relevé deux vieillards suppliants, dont la main les sacra héritiers de Clovis et de Constantin. Sa monarchie très-chrétienne se souvient aussi d'avoir compté l'Italie parmi ses apanages; elle lui donnera des rois; elle lui donne des papes, soit qu'elle les nourrisse de son lait ou les adopte, soit qu'elle les instruise dans ses écoles et dans ses abbayes : Geneviève, Cîteaux, la Sorbonne et Cluny. La réforme d'Hildebrand a été conçue dans le dernier et murie entre trois prélats français, les prédécesseurs dont il fut l'âme (1).

Ainsi les principes, tour à tour personnifiés sous la mitre ou le diadème, se dessinent jusque dans l'orthodoxie catholique. Nous avons vu leurs deux illustres représentants pontificaux, les pères des théocrates et des gallicans. Si le mouvement théocratique l'emporte par un cours irrésistible, l'étoile

---

(1) Son influence vivante désigna encore ses deux successeurs, Didier du mont Cassin et Eudes son ancien ami; créé archidiacre par Nicolas II, il avait introduit pour ce pontife la cérémonie du couronnement papal. Comme Alexandre II, évêque italien qu'il fit élire après Nicolas, se conduisait entièrement par les conseils du moine cluniste, élevé à la dignité de cardinal légat, Pierre Damien, l'autre satiriste dont nous entendrons les sarcasmes dans le *Paradis*, lui décoche ce distique :·

> *Papam rite colo, sed te prostratus adoro ;*
> *Tu facis hunc dominum, te facit ille deum.*

J'honore le pape selon la coutume, mais je t'adore à genoux ;
Tu fais celui-ci seigneur, et lui te fait dieu.

Grégoire VII, tour à tour formé à Rome et à Cluny, tonnait aussi contre la corruption babylonienne; il leur avait emprunté ses deux impulsions contradictoires : le théocratisme italien, l'ascétisme gallican.

du moine aquitain y exerce son ascendant modérateur et lui prête
son phare. Suivant le pouvoir, *occulto come in erba l'angue* (1),
caché comme le serpent sous l'herbe, quoique opposé, il tra-
vaillait à la même œuvre. Le second servait de contre-poids
au premier, pour sauver la barque humaine lancée entre les
écueils. Leur dualisme éclatera plus tard avec d'autres crises.
Le proscrit florentin, quoique son précurseur, ne pouvait encore
les distinguer sous le voile des âges et la fumée des passions contemporaines. Nous réparerons sa lacune, afin de montrer notre
édifice complet.

Dans cette pléiade, qui manque au paradis dantesque, et dont
nul historien n'a retracé le sillon lumineux, Léon IX (l'évêque
Brunon), noble Lorrain, mérita d'être appelé saint, après Léon
le Grand. Nommé spontanément à la diète de Worms, il ne
voulut accepter sa haute investiture que sous la double sanction
ecclésiastique et populaire. Le voilà, qui, vêtu en humble pèlerin,
va supplier dans le Forum, les larmes aux yeux : « Laissez-moi le
bâton pastoral. » Maintenu par le vœu anonyme, il se résigne et
remplit pieusement son mandat. *Vox populi et vox Dei.* Le troisième,
un Godefroi, Étienne IX, écrivit à nos évêques pour les louer de
n'avoir pas trempé dans la *furia* générale contre les Juifs, ces
malheureux persécutés. Nicolas II, Gérard le Bourguignon, institua la charte du conclave et consacra la trêve de Dieu, déjà inau-
gurée par l'Eglise en divers pays. Une table commune de la loi, le
sabbat imposé au meurtre, le droit d'asile sous les voûtes saintes,
c'était d'immenses bienfaits dans l'anarchie féodale. Relisez, pour
vous en convaincre, les effrayants tableaux tracés par ses chroniqueurs, les révoltes et les massacres, le mal des *Ardents*, et
par-dessus tout, la cruelle famine répandue vers 1031 depuis

(1) *Enf.*, ch. VII. Description de la fortune ou de la Providence.

l'Orient jusqu'au cœur de notre belle France naissante. Écoutons un contemporain véridique, Raoul Glaber (1).

« En ce temps-là, le muids de b!é s'éleva jusqu'à soixante sols d'or, les riches maigrirent et pâlirent, les pauvres rongeaient les racines des forêts; plusieurs, chose horrible à dire, se laissèrent aller à dévorer des chairs humaines sur les chemins; les forts saisissaient les faibles, les rôtissaient, les mangeaient; quelques-uns présentaient à des enfants un œuf, un fruit, et les attiraient à l'écart pour les dévorer. Au point où alla le délire, la bête était plus en sûreté que l'homme. Comme si c'eût été désormais une coutume établie de manger de la chair humaine, il y en eût un qui osa en étaler à vendre dans le marché de Tournus. Il ne nia pas et fut brûlé. Un second alla durant la nuit déterrer cette même chair, la mangea et fut brûlé aussi. Dans la forêt de Mâcon, près l'église de Castalnédo, un misérable avait bâti une chaumière, où il égorgeait la nuit ceux qui lui demandaient l'hospitalité. Un homme y aperçut des ossements et parvint à s'enfuir. On y trouva quarante huit têtes d'hommes, de femmes et d'enfants. Le tourment de la faim était si affreux que plusieurs tiraient de la craie du fond de la terre pour la mêler à la farine. Une autre calamité survint : les loups, alléchés par les cadavres sans sépulture, commencèrent à s'attaquer aux hommes. Alors les gens craignant Dieu ouvrirent des fosses, où le fils traînait le père, la mère son fils, quand ils les voyaient défaillir; et le survivant lui-même, désespérant de sa vie, s'y jetait après eux. » On croit lire une des scènes de l'Enfer et la *vision des ténèbres*, décrite par le plus sombre poëte moderne, s'éclipse auprès d'une telle réalité.

Cependant, ajoute le vieux chroniqueur, les prélats de la Gaule s'assemblèrent afin de chercher un remède contre de si grands maux.

_____

(1) Voyez entre autres, *Hist. de France*, Michelet, t. 1, — *Guerres civiles*, Lajonneraye et H. Lucas, t. 1.

Leur furie effrayait les plus furieux. Un évêque annonça qu'il avait reçu miraculeusement du ciel l'ordre de prêcher la concorde à la terre. Ses collègues se mirent à célébrer des conciles où assistaient les abbés et les religieux. Comme on avait annoncé que ces conciles avaient pour but de rétablir la paix et les institutions sacrées de la foi, tout le peuple s'y porta joyeusement dans une sainte ferveur. Une charte protectrice, une alliance nouvelle, fut dressée par les conciles épiscopaux; tous les signataires s'engageaient à en observer les articles (1), sous les peines disciplinaires prescrites. Le rêve de l'âge d'or renaissait. On avait échappé au cataclysme de l'an 1000 ; des jours de grâce et de vie luisaient encore ; les humains redevenaient frères, les ennemis, amis. La justice, rendue par des ministres évangéliques, nivelait tous les rangs sous la croix. On sortait sans armes dans les villes et par les campagnes. On s'embrassait en chantant la paix ; les officiants la prêchaient en chaire et la distribuaient avec les hosties. Les pasteurs, tenant un rameau béni, comme chaque fidèle, saluaient leur troupeau par la parole du Christ : Mes frères, la paix soit avec vous ! Les familles d'Adam semblaient avoir retrouvé la voie perdue et s'élancer vers leur fin rédemptrice, ailes déployées.

Ces législateurs sublimes étaient les prélats et les néophytes élevés aux écoles de Gerbert. Dans chaque province, où la trêve de Dieu s'établissait, un diacre en donnait connaissance au peuple. Après avoir lu l'évangile devant l'autel, il fulminait contre les violateurs la malédiction pieusement recueillie dans son cœur par chaque assistant : « Nous excommunions tous les chevaliers de cet évêché qui ne voudront point s'engager à la paix et à la justice. Qu'ils soient maudits, eux et leurs complices dans le mal ! Que

____

(1) Savoir, le respect des propriétés et des personnes, l'abstention des armes, l'inviolabilité du refuge saint et le droit de sauvegarde accordé à tous les religieux, excepté seulement pour ceux qui auraient enfreint le pacte.

leurs armes soient maudites ainsi que leurs chevaux ! Qu'ils soient relégués, avec Caïn le fratricide, avec le traître Judas, avec Datan et Abiron, précipités tout vivants dans l'enfer ! et comme ces flambeaux s'éteignent, s'ils ne se repentent et ne se rachètent, que leur joie s'éteigne à l'aspect des anges. » Après quoi, les évêques et les prêtres éteignaient les cierges allumés qu'ils tenaient dans leurs mains, et le peuple répétait tout haut d'une voix fervente : « Dieu éteigne ainsi la joie de ceux qui ne veulent pas accepter la paix et la justice ! »

La paix perpétuelle, rêve perpétuel des races haletantes, ne pouvait se fonder dans un pareil chaos, malgré ces exaltations envoyées de loin en loin pour leur rappeler la terre promise. Du moins *la trêve de Dieu*, instituée en Allemagne et en Italie, comme en France, interdisait le meurtre et la vengeance pendant deux jours de la semaine, et un héroïque mouvement s'y inspira. Dès lors la fraternité commença ses miracles, et le vieux monde, dépouillant ses vieux haillons, « se revêtit de la robe blanche des églises (1). » On conçoit comment le *Vox populi*, supprimé aveuglément par ses successeurs dans l'élection pontificale, acclama Grégoire VII. Ah ! si le nouveau fils du charpentier avait osé ou voulu proclamer temporellement la véritable réforme chrétienne... Laissons parler la voix éclatante des événements.

Après Grégoire VII, Urbain II (Eudes le Champenois), autre moine de Cluny, réalisant le projet suspendu par la querelle avec Henri le Frivole, déploie l'étendard des croisades. Gui Calixte, patron de Cîteaux, pour racheter son triomphe un peu tudesque, accomplit deux beaux actes. Il décrète dans un concile, contre les simoniaques et les théoploutocrates, la gratuité des sacrements, dons célestes et universels, délégués sans argent par le Christ à ses apôtres.

(1) Glaber.

UN CHEVALIER AU XIIe SIÈCLE

Institutions religieuses et sociales du moyen âge.

Dans une diète, il établit entre l'Église et l'empire un concordat, la trève légale de Dieu : Arche où s'abriteront plus tard les générations naufragées (1). *Dies ex volt*. Dieu le veut ! Le cri martial, répété par Pierre l'Ermite, retentit plus haut. *Ultreius ultreia*. Aux refrains mystérieux de l'hymne catholique, il entraîne croisés et pélerins, apôtres glorifiés par le petit-fils de Cacciaguida. Tout l'Occident, plein d'ardentes fièvres et d'aspirations sans bornes, s'arme ou soupire pour Jérusalem ou la Galice. Une vaste transfusion s'opère dans le combat gigantesque entre les deux mondes, entre la colombe et le dragon ; les éléments brisés des peuples tendent à se réunir, à s'harmoniser. Voyez éclore, sous le verbe incandescent, les grandes associations : les ordres religieux et militaires, — les universités, — les communes : les cathédrales et les arts, la chevalerie de Dieu et la chevalerie des hommes.

Qui jette le signal providentiel de rénovation ? la papauté. Qui s'élance au premier rang ? la France. Qui joue le premier rôle dans l'édification tumultueuse, dont Gerbert et Hildebrand sont les véritables chefs ? l'idée française. Seule, elle sortira victorieuse du saint Sépulcre et survivra à la défaite des armes. Les empereurs gibelins, s'attribuant l'hérédité romaine, ceignent passagèrement la couronne d'or et de fer ; d'autres inventeront la poudre à canon et l'imprimerie. Elle apporte la force dont le levier s'appropriera tous ces instruments et tous ces insignes pour l'œu-

(1) Les droits régaliens ou royaux et les priviléges ecclésiastiques ou pontificaux, dont la confusion et le débat avaient produit les guerres confuses des investitures, autrement le pouvoir temporel et le spirituel, furent alors divisés pour la première fois dans leurs attributions, comme partout se fondaient typiquement, contre les tyrannies effrénées, avec l'ordre des successions dynastiques, préparant les hanses commerciales des villes, les chartes nationales et commerciales ; nos constitutions modernes n'ont fait que les développer. Ce fut aussi, on le sait, le berceau d'où jaillirent les premières inventions de la science renaissante et les monuments d'architecture, bientôt diversifiés par le génie arabe.

vre civilisatrice, le *logos* fait chair, le verbe social voilé sous le mysticisme et le scolastisme. L'idée française, avec son double courant électrique, bénie ou maudite, agit de plus en plus, non seulement par nos interventions armées et nos royales dynasties, mais par nos pontifes nationaux et adoptifs, par nos conciles et nos assemblées dont Lyon devient le centre, en un mot par ses dynasties spirituelles, par son université séculière et religieuse, aux branches vivaces, qui comptent pour professeurs ou disciples tous les esprits sublimes, depuis l'allemand Hugues de Saint-Victor jusqu'au poëte toscan proscrit. Nos rois l'ont appelée leur fille aînée ; les papes qui la privilégiaient l'ont baptisée dans leurs bulles : *Universitas magistrorum et scholarum*, université des maîtres et des écoles, d'où elle prit son nom. L'un d'entre eux, enlevé rapidement au pontificat, Célestin II, n'a laissé qu'un souvenir. Il avait étudié sous le docteur illustre du Paraclet, comme le cardinal Lothaire (Innocent III) étudiera sous maître Pierre Corbeil, archevêque de Sens.

Traditions évangéliques et libérales, hélas! tant vite obscurcies, une seule de vos lueurs les orne plus que les diamants de leurs tiares ; et moi, leur biographe, si l'inflexible vérité, dont l'écrivain digne est aussi le prêtre, m'oblige à ratifier trop souvent la sentence gibeline, quand ces clartés bienfaisantes les illuminent, je salue avec une double joie mes pères par la patrie et par le baptême.

ALEXANDRE III (Raynuce de Sienne), digne grégorien, s'illumine à l'étoile française. D'abord mendiant comme Breakspeare et moine cordelier, dans sa lutte courageuse contre le premier César gibelin et ses trois anti-papes, il est soutenu par Louis le Jeune, qui l'accueille magnifiquement à Tours. Il y resserre l'alliance romaine avec la *respublica sacra* de Gerbert et offre au monarque protecteur l'emblématique rose d'or. En 1163, pour mieux graver son nom parmi nous, il vient poser la première pierre de Notre-Dame de Paris.

Noble figure, trop peu mise en relief! Il fait déclarer dans le sénat religieux à l'assemblée générale de Latran et déclare devant l'univers la servitude abolie pour tous les chrétiens, comme incompatible avec la dignité de l'homme et la loi du Christ (1). Il réconcilie les empereurs d'Orient et d'Occident, prêts à remettre en conflagration les deux empires, et Henri d'Angleterre avec ses fils rebelles. Quatre chevaliers zélés, pour plaire au roi, vont égorger jusqu'au pied des autels l'archevêque de Cantorbéry, Thomas Becket. Si le pape a maintenu contre l'ordonnateur souverain l'indépendance épiscopale avec son autorité suprême, pour effacer le meurtre, il impose l'expiation, non le talion. En réprouvant les sectes novatrices, il n'arme pas contre elles la sanglante Bellone (2).

(1) L'année 1230.
(2) La persécution contre les Vaudois et les Albigeois naissants, commencée

Protecteur des lettres, il envoie par bandes les jeunes diacres se retremper dans la piscine lutécienne. Comme la cupidité corrompait cette onde aganipide presque à sa source, ainsi qu'elle avait corrompu l'eau sainte du Jourdain, il déclare l'enseignement gratuit, à l'égal des sacrements, car la science est aussi un sacrement et le pain spirituel. Pour le rendre accessible à tous, il interdit cette autre simonie : les taxes nouvelles imposées par les chapitres privilégiés sur les écoles naissantes. Honneur insigne ! il soutient, contre le moloch allemand et la diète lombarde, la nationalité italienne, sans invoquer l'intervention étrangère (1). Le terrible empereur et son troisième antipape (Calixte III), s'agenouillent ensemble à Venise devant sa pacifique suprématie ; couronné d'oliviers par le peuple, l'Alexandre chrétien sonne la troisième croisade, où s'élancent pour s'immortaliser trois héros, Frédéric Barberousse, Philippe-Auguste et Richard Cœur de Lion. Une ville nouvelle reçoit avec orgueil son nom tutélaire (2). Croyants et incrédules, philosophes et lettrés somptueux, à genoux devant le pontife !

Une célèbre fête vénitienne perpétue le souvenir de son passage triomphal. La cité adriatique, défendant sa cause, avait remporté une victoire navale sur Othon, deuxième fils de Barberousse. Avant de quitter la rive hospitalière, le pape offre au doge son anneau d'or : « Je vous donne, lui dit-il, la mer pour épouse. » Et le doge, en signe d'alliance, va le jeter à la mer avec grande pompe.

dans le Midi sous son pontificat, ne le compte ni ne saurait le compter pour son promoteur. Du reste les meilleurs portaient toujours fatalement, répétons-le bien, le cachet de leur principe et de leur pléiade, comme les grands hommes celui de leur époque.

(1) Son œuvre mémorable, mal respectée des deux parts, fut le traité de Constance, concordat italico-allemand, qui affranchissait les communes en garantissant leurs vieux droits municipaux. L'auteur de la *Monarchia* et tout e parti gibelin-blanc ne réclamaient pas autre chose, deux siècles après.

(2) Alexandrie.

L'année suivante, pour mieux célébrer la cérémonie commémorative , on construisit un magnifique vaisseau dont la proue était ornée d'un centaure. De là fut institutée la fête annuelle du Bucentaure, où le doge allait solennellement épouser Amphitrite , parmi les chants et les jeux populaires. Fête étrange qui rappelle les antiques symboles des races nationales ou royales, s'unissant aux puissances terrestres ou divines, et la donation pontificale prophétisant la gloire maritime du lion de Saint-Marc. Brillant apogée où la papauté ouvrait aux uns les royaumes mystérieux des sépulcres d'Asie, à ceux-ci l'empire de la terre, à ceux-là l'empire de la mer, à tous le royaume des cieux.

Malheureusement ces aurores sont rares. Qui le croirait ! une émeute perdue, suscitée par les impériaux, quand le pontife expira, vint hurler l'injure et jeter des pierres sur son cercueil devant l'église de Latran. Les insulteurs romains jouaient leur rôle dans l'apothéose... Était-ce une expiation pour les fautes passées du saint-siége ou un avertissement providentiel pour l'avenir ? La papauté ! comme Lucifer, tantôt elle luit à l'Orient parmi les constellations sur l'Église primitive, dont le poëte a couronné les élus, martyrs ou apôtres ; tantôt elle roule, comme l'ange noir, dans les saturnales des passions humaines, et devient l'hydre difforme dont il attaque les cent têtes. Nous abordons la phase néfaste. Ses ministres touchent plus *au Livre du prince* qu'à l'Évangile ; leur palme se change en armoirie, leur étoile en torche. Pour éclairer les annales séculaires et les satires dantesques , nous indiquerons leur succession, à partir d'Innocent III, où la théocratie semble plutôt tenir la clef de l'abime que celle d'en haut. La nationalité italienne, à proprement parler, n'est pas même en cause, quoiqu'elle se rattache implicitement au siége romain (1) ; il s'agit uniquement de l'empire

(1) Les papes, on n'y a point assez pris garde, tirés de nations diverses, la

9

et du pontificat, des Guelfes et des Gibelins, des Allemands et des Français. Les pacificateurs, les nationaux, s'il en existe, confondus avec les neutres, passent emportés dans la tourmente, *come la rena quando il turbo spira* (1), comme le sable quand l'ouragan tourbillonne.

plupart ne sont pas Italiens. Les premiers, ils ont appelé les empereurs allemands contre leurs propres sujets, comme ils appelèrent la France à leur secours, tantôt contre les Lombards, tantôt contre les empereurs. Nous notons simplement ici les grands faits historiques. La question papale. sous le rapport national et temporel, sera mieux traitée *au livre de l'Italie*.

(1) *Enfer*, ch. III. — Voyez Célestin V.

XIIIe siècle. — Les Théocrates.

INNOCENT III (le cardinal Lothaire). Voici le règne de
la louve, l'ère triomphante de la théocratie, l'ère des anathèmes
et des combustions. Jeune encore, docte et austère comme Hildebrand, initié comme lui à la science et aux lettres par la
scolastique française, plus ardent et moins généreux dans la
lutte, le descendant des comtes de Signy, élu sous le nom d'Innocent III, la poursuit avec éclat et avec toute arme. Victorieux, il
applique les *dictatus papœ* pendant ses dix-huit années de siége.
Le soleil luit à Rome ; les monarchies ne sont que ses lunes,
suivant le langage figuratif(1). Il gouverne l'Italie en maître et tient
en tutelle le lionceau, le petit-fils de Barberousse. Tous les souverains, courbés ou anathématisés, reconnaissent sa loi, de la
Seine à la mer Rouge. Le tragique épisode du roi Philippe-Auguste, contraint à sacrifier sa belle amante tyrolienne pour reprendre l'altière Danoise répudiée, nous montre sa toute-puis-
sance. Il prêche à la fois la croisade contre les Sarrasins d'Espagne
et contre ceux d'Orient, où il menace le schisme byzantin sur son
trône bâtard, autant que l'islamisme sur son char de conquête.

Le Dragon est muselé, avec les bêtes héraldiques, non le

(1) Voyez la *Monarchie*, liv. III.

renard, un des animaux pervers qui s'accouplent à la louve : personnage multiple dont le moyen âge a fait son magister et son jongleur, bien avant Lafontaine. Maître renard entre dans la cléricature, où il va loin. Les malins trouvères le coiffent d'une mitre papale, pour divertir les princes et seigneurs, en querelle avec la Sodome latine (1). On se répète sa fortune étonnante ainsi que les aventures des abbés et des templiers, car les contes ironiques et licencieux se mêlent sans cesse aux histoires terribles comme les Gorgones aux Satyres, les joyeusetés aux saintetés et aux atrocités. Richard Cœur de Lion, un chevalier certes, et monarque de droit divin, qui a les trois faces, joue un singulier tour à saint Pierre. Philippe de Dreux, évêque de Beauvais et seigneur féodal, suivant le mélange commun, avait été pris blessé, sa massue à la main, dans la guerre du roi de France contre le roi Plantagenet. Comme le grand pasteur sollicitait la grâce du prélat, *son enfant chéri*, le pieux agneau cloîtré dans un fort, le Cœur de Lion lui envoya sa cotte de mailles sanglante, en lui adressant ces paroles des frères de Joseph à Jacob : « Reconnais la tunique de ton fils. » Un évêque paladin ! Riez, ô gais trouvères, dames et chevaliers des cours d'amour.

Mais le rire grince, l'incendie éclate : la guerre des hérésies ! Les Sarrasins s'appellent vaudois, patarins, albigeois, pauvres de Lyon ou d'Albi. Les Écritures saintes, invoquées contre la doctrine grégorienne et la corruption du clergé, leur prêtent des armes formidables. Innocent interdit la lecture de la Bible aux laïques. L'histoire de l'arbre défendu se renouvelle toujours. La Bible, interprétée par les sectaires, agite les populations décimées par la peste, la misère et le servage ; elle devient le livre de la ré-

(2) Innocent, dans un sermon, avait appelé le pape *Christus Domini, Deus Pharaonis*, le Christ du Seigneur, le Dieu de Pharaon, etc. Le roi Jean d'Angleterre, entre autres, par représailles, l'appelle *Pape de Satan*.

VISION D'INNOCENT III.

Les deux Anges avaient la figure de saint François et de saint Dominique.

vélation occulte, de la science *adamite*. Cette guerre, qui grandissait ténébreusement sous mille formes, le rendait sombre. Il avait vu en songe l'église de Latran prête à crouler au fond d'un abîme, et deux anges lumineux s'élancer pour la soutenir. Les deux anges avaient la figure de saint François et de saint Dominique (1). Eclairé par un tel avis, il autorise l'ordre des frères mineurs, dirigé par le chantre mendiant d'Assise, comme une leçon vivante aux fastueux princes de l'Église romaine ; puis il confirme l'ordre des frères prêcheurs et envoie son chef, comme missionnaire, servir la croisade du Languedoc (2).

Leur double apostolat est raconté à l'Homère toscan dans les sphères bienheureuses, et les deux roues sacrées, comme il les appelle, devinrent en effet les deux soutiens de l'arche catholique.

L'autre missionnaire fut Simon de Montfort l'exterminateur, car maintenant la papauté tient les deux glaives : celui du prêtre et celui du bourreau. Nouvelle guerre sainte inexorable, guerre de violence et de mensonge (3), s'écrie ailleurs le poëte en désignant son chef capétien ; guerre par le fer et par le feu. Disons tout. Le légat, Pierre Castelnau, un second fils de Dieu, a été assassiné

(1) Cette vision a été peinte par Giotto dans l'église de *Santa-Croce* à Florence ; on sait qu'il reproduisit dans ses sujets presque toutes les légendes dantesques.

(2)... *Regalement sua dura intenzione*
    Ad Innocenzio aperse, e da lui ebbe
    Primo sigilio a sua religione.

Il (saint François) expose avec simplicité sa règle austère à Innocent, et en reçut la première consécration de son ordre.   *Parad.*, ch. XI.

    Ed alla sedia, che fu già benigna
    Più a poveri giusti... addimando,... etc.
    Poi... con l'uficio apostolico si mosse, etc.

Et il (saint Dominique) se présenta devant le siége, jadis plus favorable aux justes indigents, puis, avec le mandat apostolique, il s'élança, etc.
                                                    Parad., ch. XII.

(3) *Purg.*, ch. XX, *Con forza e con mensogna...* Le pape avait dit au concile : « Glaive, sors du fourreau ! »

par les hérétiques dans une embuscade. Le sang payera le sang et baptisera les infidèles endurcis. La sirène, à la voix séraphique, à la tête fascinatrice, à la queue de démon, murmurait au pontife cette maxime terrible, exaltée par tous les ministres *du salut public* : « La fin justifie les moyens. » Sa victoire sanglante, cruellement inscrite dans les annales, souleva mille imprécations contre la *Rome prostituée*. Lui aussi, voyant incorruptible, il tente de la régénérer, avec son troupeau. Hélas ! On tue plus facilement les hommes jeunes que les vices caducs ; et ceux qu'on tuait, la Bible ou l'Evangile à la main, je parle de l'élite, cherchaient également la réforme, la bonne doctrine, la céleste Jérusalem.

Soit regret des excès commis par ses croisés, soit pressentiment de l'avenir, Innocent III mourut aussi triste dans sa gloire qu'Hildebrand exilé à Salerne. La précieuse chronique en vers sur la croisade albigeoise nous le montre ainsi, concédant avec douleur à ses évêques impitoyables la déchéance du comte de Toulouse. Mais, tandis que ses croix triomphantes planaient sur l'Europe, il n'osait dormir dans sa propre métropole, où il entendait gronder la guerre des rues, car il avait touché rudement au vieux sénat, aux derniers priviléges populaires. Il laissa un traité caractéristique : *du Mépris du monde* ou *de la Misère humaine*, et une *Méditation* sur les Sept psaumes pénitenciaux. On lui attribue encore le *Veni sancte Spiritus*, l'appel à l'Esprit-Saint, et le *Stabat Mater dolorosa* (1), l'hymne de la Vierge du Calvaire, dont Pergolèse a si magnifiquement exprimé le sanglot. L'hospice du Saint-Esprit où l'on recueillait, bien avant saint Vincent de Paul, les enfants

---

(1) Jacopo de Todi, poëte franciscain, lui dispute l'honneur d'avoir composé le *Veni Sancte*; le *Stabat*; a dit-on, pour auteur réel, Lecontract, moine de l'abbaye de Richenau, en Suisse. Mais on ne saurait contester l'influence directe d'Innocent sur les inspirations de son époque et sur l'adoption de ces deux cultes, si remarquab'es au xiii° siècle : la Vierge-Mère et l'Esprit-Saint.

trouvés et les malades, le vénère comme son fondateur (1).

Peu après sa mort, arrivée en 1216, une âme toute entourée de flammes, suivant la légende, apparut à sainte Lutgarde : « Je suis, gémit-elle, le pape Innocent III, et j'aurais mérité, pour trois causes, les peines éternelles. Mais la Vierge, à laquelle je bâtis un monastère, m'a sauvé par son intercession. Je viens me recommander à tes prières et à celles de tes sœurs. » Thomas Cantipratensis, biographe de Lutgarde, déclare que la sainte a révélé ces trois causes de damnation. Par respect pour la mémoire d'Innocent, il s'abstient de les redire ; nous imiterons sa réserve

Dies iræ, dies illa (2). Le soleil des vivants s'éclipse derrière un crêpe funèbre, et la pâle Hécate, dont le flambeau préside au royaume

---

(1) Pour des fondations pieuses, il avait échangé sa vaisselle d'or contre la plus pauvre, et avec les *humiliés*, il sanctionna encore *les trinitaires*, qui commençaient l'œuvre de *Notre-Dame de la Merci*.

(2) Cette hymne de la terreur fut composée vers le même temps par un autre disciple de saint François, Thomas de Celano.

des Furies (1), semble diriger les sphères terrestres. Ceux qui suivent le pape docteur continuent sa tradition sinistre, ou plutôt il règne toujours sous de nouvelles figures. Le nom du premier, Honorius (2), résonne encore doucement dans le Paradis, en mémoire de saint François. Deux autres, Grégoire IX (3) et Alexandre IV sont de sa famille, et le troisième, Sinibaldo de Fiesque, adopte son nom pontifical. Adieu la basilique céleste, ses lyres stellaires et ses rondes mélodieuses. Nous descendons vers l'abîme. La guerre d'extermination, la croisade contre les baptisés, comme Dante l'intitule, se rouvre non moins furieuse avec le Bélial allemand, le second Frédéric. Les pontifes, réfugiés tour à tour à Lyon, y fulminent dans leurs conciles. Le nouvel Innocent y donne aux cardinaux le chapeau rouge, emblème du sacrifice, et y confère aux dominicains la justice inquisitoriale, ministre du châtiment. Il veut relever les saintes études philosophiques abandonnées pour les arguties mondaines plus lucratives, et tonne aussi contre les hommes d'Église devenus *héritiers de Lucifer* (4). On l'appelait pour sa science le père du droit; il fut le père légal du saint-office. Trois manifestations étranges apparaissent à la même heure. L'inquisition. — Les flagellants. — La danse des morts. — Je me borne à enregistrer. Les dates synchroniques ont des couleurs, les faits des enchaînements; la légende passe dans l'histoire.

(1) *Enf*. ch. IX.
(2) *Par*., ch. XI.   *Di seconda corona redimita*
                Fu par Onorio dal l'eterno spiro,
                La santa Voglia d'esto archimandrita.

« Honorius, inspiré par l'esprit éternel, orna d'une seconde couronne la sainte volonté de l'archimandrite. » Aimable et pacifique, il commença par la prière et finit par la malédiction.

(3) Grégoire, intronisé en grande pompe à 74 ans, mourut presque centenaire. L'âge n'amortit point ses luttes fougueuses. On lui doit pourtant l'université toulousaine.

(4) Bulle de l'an 1254.

Un septième fléau pèse sur l'Italie en deuil ; il s'appelle Ezzelin le féroce. Nous le rencontrerons dans le lac de sang. La croisade nationale, interrompue pendant celle du Languedoc, est reprise par Alexandre IV contre le tyran mis *au ban de l'humanité*. Croisade effrayante, mais trois fois sainte. L'alleluia de la délivrance retentit dans toutes les communes et dans toutes les églises. Une quatrième se rallume, non moins fougueuse, sous mille titres et sous mille aspects : la croisade des moines, frères prêcheurs et gymnovagues, frères mendiants et enseignants, tribuns et juges, l'olivier ou la torche à la main, tantôt la tiare sur le front. Honorius a connu en songe leur illumination future ; Alexandre IV s'en constitue le patron contre leurs adversaires. L'université parisienne, après avoir clos ses portes pour violation du pouvoir royal envers ses disciples, voit ses doctrines condamnées par édit pontifical. Elle marque d'une croix noire cet interrègne, satirisé par les Ménipéens. Le bourreau brûle publiquement le livre d'un de ses maîtres célèbres, Guillaume de Saint-Amour, docteur en Sorbonne (1). Ce livre s'appelle : *Les périls des derniers temps*. On ne brûle pas seulement les livres ; on jette aussi les corps pleins de vie dans les auto-da-fés, et l'enfer se reflète enluminé jusque sur le *san benito*. L'humanité traverse ses phases apocalyptiques, et, comme le Juif errant, regarde, avec une sueur sanglante, si la roue éternelle va s'arrêter enfin, ou se briser lugubrement pour la dernière heure. Laisse-moi reposer, dit l'homme. — Pas encore, répond l'ange, son épée flamboyante à la main.

Cependant des symptômes inconnus saisissent les populations. Les miracles et les visions se multiplient. Reines et courtisanes quittent leurs parures brillantes pour la bure et la haire ; d'autres illuminés se cloîtrent dans leur laboratoire ou s'élancent par de

(1) Voyez, à leurs chapitres successifs pour tout ce mouvement, les ordres religieux, les universités, les réformateurs ou hérésiarques, les alchimistes et les chantres d'amour.

là les mers. Enregistrez encore : les clarisses franciscaines, fondées par Claire Sciffi, *Clara claris præclara.* (1) — La descente de la *Santa-Casa* apportée par les chérubins. — Les fêtes et les sectes de l'amour. — Les chercheurs du grand-œuvre et de l'Atlantide (2). Tout se rattache ou s'attaque au Vatican ; c'est la clef de voûte. Son pontife-roi interdit et consacre ; les moines sont tour à tour ses légats ou ses antagonistes, les chercheurs, ses apôtres ou ses male-griffes.

Un troisième testament, l'évangile dominicain nommé l'*Évangile éternel,* annonce l'avénement du *règne de l'Esprit.* Voilà les prophètes et les anti-Christ ; la prédiction de l'an 1000, ajournée à la fin du siècle, sonne comme un tocsin. Chevaliers de la raison et de la Vierge, scolastiques et mystiques entrent à la danse ; le diable logicien monte en chaire. Hérétiques et fidèles, clercs et laïques, tous évangélisent ou ceignent la croix. La papauté effrayée défend elle-même à ses prosélytes l'habit religieux. Demain, pour cimenter ses liens avec un monarque, elle livrera la plus superbe de ses propres milices ; les autres, universitaires et sorbonnistes, aussi bien que le saint office et le parlement libéral, imiteront pieusement son exemple. La guerre sociale couve et s'agite entre toutes. Une période s'accomplit. Dante va naître pour écrire son poëme, dont il sera l'acteur et le chantre. Nous pénétrerons avec lui dans ce monde occulte et multiple.

(1) Claire entre toutes les clartés, splendeur resplendissante, etc. (Bulle d'Alexandre IV pour sa canonisation). — On nomme *Santa-Casa* la petite maison sacrée ou chapelle miraculeuse, aujourd'hui placée dans l'église de Notre-Dame-de-Lorette (Marche-d'Ancône).

(2) La chimie et le magnétisme, la découverte de Colomh et celle de Guttemberg, eurent leur moderne origine dans le siècle qui vit apparaître la poudre à canon et l'art gothique. *La divine comédie* constate, avec plusieurs autres, la tradition platonico-arabe d'un nouveau continent, dont le voyageur Marco-Polo traçait déjà la route vers les Indes.

JACQUES PANTALÉON (*URBAIN* IV) ENFANT.

Intérieur de sa famille à Troyes, en Champagne.

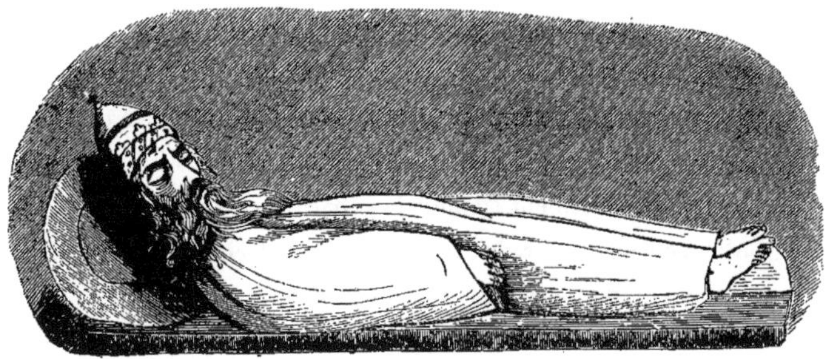

Les Velches (1).

URBAIN IV (Jacques Pantaléon). — Une vieille tapisserie, qui environnait le chœur de la collégiale de Saint-Urbain, en Champagne, représentait autrefois, non pas la sainte famille de Judée, mais un cordonnier travaillant de son humble art manuel ; à ses côtés, deux compagnons ; un peu plus loin sa femme, qui filait en surveillant de l'œil son petit Jacques ; pour étalage de la boutique, des souliers et des bottines de grandeurs diverses : c'était l'intérieur d'un maître chaussetier du xiiie siècle, le père Pantaléon.

Le petit Jacques, élevé par les chanoines de la ville, alla perfectionner ses études à Paris, où il devint professeur et prédicateur célèbre ; puis il passa graduellement archidiacre de Liége,

(1) Ce nom tudesque s'appliquait originairement aux Gaulois-Celtiques, dits Gaëls ou Waëlsch, plus tard aux peuples Vallons et à ceux de la Flandre. Les Allemands désignaient ainsi les Italiens (Welschland), et par extension communément les étrangers, puis enfin par satire tous les Français (Welsch), dans le sens usité encore du vieux mot romain : les barbares. Nos Francs modernes leur renvoient du reste l'épithète ; une analogie accidentelle lui donnait alors une application plus mordante. Les Velchs, Velfs ou Guelfes, commencent en effet les papes dont la politique s'unit aux Capétiens pour installer en Italie, comme leur chevalière, la branche angevine, si légitimement maudite par Dante. La chétive question d'intérêt dynastique et temporel remplaçait par degrés chez nos pontifes le point de vue spirituel et général.

évêque de Verdun, patriarche de Jérusalem ; puis, revenu de la Terre-Sainte, il fut élu pape à Viterbe, en 1261. C'est l'histoire de plusieurs, et beaucoup ont eu pour berceau le tablier de cuir, sinon l'établi du charpentier ou la hutte du pâtre. Ainsi l'on parvenait, non-seulement comme le renard, mais par le travail et l'intelligence, par l'Église, la porte du ciel et de l'émancipation pour les pauvres gens dans l'Europe féodale.

Pantaléon devint donc pape et pape diplomate de Rome, hélas ! au lieu de rester tout bonnement Jacques l'artisan, ou Jacques du Court-Palais, maître en science canonique, ou pasteur patriarcal. Suivant l'usage, il échangea ses noms de baptême et de famille contre le nom pontifical adoptif, Urbain IV, en mémoire du premier Urbain martyr l'année 271. Ah ! que les temps chrétiens se ressemblaient peu ! Les passions haineuses, rugissantes dans les communes et les familles, s'agitaient autour du Vatican, avec toutes les convoitises et les intrigues humaines. Ainsi se tordent les serpents et les wouivres aux corniches des basiliques. Pauvre Jacques ! les plus forts ont subi le vertige.

D'abord, pour se garder, il appelle près de lui l'*ange* de l'école, et les maîtres en tout savoir pieux s'asseoient à sa table, car il a bu les eaux natales de la piscine lutécienne. On propage librement sous son règne les chefs-d'œuvre nommés profanes, et il patrone la deuxième traduction du maître Stagyrite, naguère interdit comme hérétique par les sectaires opposés (1). Mais les cris de vive Guelfe et vive Gibelin ! c'est-à-dire, vive la mort ! interrompent ses doctes conférences. Il trempe sa plume dans l'encre fulminatoire ; il confirme les frères armés de la Madone, qui portaient un écu blanc avec une croix rouge (2). Il lie et délie autre

(1) Cette seconde traduction d'Aristote fut rédigée, entre 1260 et 1270, par le moine Vilhelm de Moerbeche, sous la direction de saint Thomas d'Aquin.

(2) *Fratri di Madona* ou *Santa Maria,* institués dans le Languedoc, l'an-

chose que des péchés. Son bon ange ne le sauvera point.

Hélas! destinée douloureuse! A peine lança-t-il une bulle de croisade, non pour sa Jérusalem captive, mais contre Mainfroi, le hardi bâtard impérial. Il ne put achever sa négociation avec le prince angevin, pour lui transférer le trône de Naples et de Palerme. Une comète, qui jeta la stupeur parmi les factions en armes, apparut sur l'Italie. Saisi d'une fièvre ardente, il expira dans d'atroces douleurs. La comète s'évanouit, sitôt après son dernier soupir. Des bruits sinistres coururent en sens divers.

O laborieux Ligneul! ô ruche monacale! ô docte Sorbonne, où êtes-vous? O terre du Vallon, nommée deux fois Velche par les Tudesques! son corps, défiguré sous la dent macabre, fut hâtivement inhumé à Pérouse, sans larmes affectueuses, dans l'église de Saint-Laurent, avec une épitaphe en mauvais vers latins, tandis que le cœur de Calixte, le fils du comte Guillaume, reposait à Cîteaux dans une châsse bénie, derrière le maître-autel.

Pourtant Jacques du Court-Palais ne se montra point oublieux. Il avait distribué, par l'entremise de négociants, ses compatriotes, différents dons, soit à la collégiale de Saint-Étienne, voisine des exercices de son enfance, soit à la cathédrale où il avait reçu les premiers éléments scolaires, soit à la paroissiale de Saint-Jacques, son patron bienheureux, où il avait reçu le baptême et où dormait le père Pantaléon, soit au monastère de Notre-Dame où sa mère était ensevelie. La collégiale de Saint-Urbain, dont une tapisserie représentait la famille, fut fondée par lui sous l'invocation du pape Urbain Ier. L'enceinte de son édifice comprenait, entre autres, la chambre où il naquit vers l'an 1200, et la boutique du chaussetier champenois. Une difficulté de ter-

née 1308, pour combattre les Albigeois et généralement pour soutenir la religion. Ce sont les mêmes qui, bientôt dégénérés, furent appelés *Fratri Gaudenti*, Frères joyeux, et dont notre poëte nous donnera occasion de parler. (*Enf.* ch. xxiii et ch. xxxiii.)

rain, avec une communauté religieuse, ne permit de l'achever que sous le pontificat suivant. La tombe italique lui soit légère.

Urbain IV a laissé un volume d'Épîtres précieusement conservé dans la bibliothèque Vaticane, et une nouvelle paraphrase du *Miserere*, cette éternelle élégie soupirée par la misère humaine depuis le vieux Job... ou plutôt depuis le Paradis perdu.

CLÉMENT IV (Foulque Gros, archev. de Narbonne), ancien secrétaire de saint Louis et moine de Citeaux, vient marquer la série des papes français, intrônisée par Urbain IV, et de plus en plus velches, comme les appellent les chansons allemandes. Il descend aussi d'une famille languedocienne obscure, mais noble par sa souche. Les lis, qui ornent sa tombe dans l'église des frères Prêcheurs à Viterbe, ont remplacé l'aigle aux ailes déployées, figure principale de leur vieux blason. C'est l'emblème de sa foi politique. Il scelle le traité conclu avec son prédécesseur,

en décernant à Charles d'Anjou la double couronne sicilienne,
arrachée à la dynastie souabe presqu'éteinte. Successivement
militaire, jurisconsulte, homme de plume, père de famille, avant
son ordination, quelle vie singulière ! Il apporte le même esprit
inflexible dans le sacerdoce. Ni un mariage rompu par la mort,
ni les tendresses filiales, ni ses professions diverses n'ont ému
en lui la chair et le sang. Sa lettre à son neveu Pierre Gros de
Saint-Gilles, écrite peu après son avénement, peint tout entier
l'homme avec sa rigide vertu. Une brève citation vaudra mieux
que vingt pages analytiques.

« Plusieurs dans notre famille se réjouissent de notre promotion ;
nous n'y trouvons matière que de crainte et de larmes, car seul
nous sentons combien pèse notre charge. Pour vous, vous devez en
être plus humble. Notre congé sévère accueillerait le proche qui
viendrait nous voir sans notre ordre. Ne cherchez pas à marier
votre sœur plus avantageusement à cause de notre siége ; nous ne
le trouverions pas bon et ne vous y aiderions pas. Toutefois, si
vous la mariez au fils d'un simple chevalier, nous proposons de
lui accorder pour dot trois cent tournois d'argent. Si vous aspirez
plus haut, n'espérez rien de notre part. Encore nous prescrivons
que ceci reste très-secret entre vous et votre mère. Nous ne
voulons pas qu'aucun de nos parents s'enfle sous prétexte de
notre élévation ; Cécile et Mabile, nos filles bien-aimées, prendront
également les mains qu'elles auraient choisies, si nous étions toujours simple prêtre. Informez-en Gillie, et dites-lui qu'elle ne
change point de place, mais qu'elle demeure à Suze ; qu'elle garde
toute la modestie et toute la gravité possible dans ses habits.
Qu'elle ne se charge d'aucune recommandation, cela serait nui-
sible à la personne pour qui on la ferait et à elle-même. Si on lui
offre des présents, qu'elle les refuse, afin de ne pas perdre nos bonnes grâces. Saluez votre mère et vos frères. Nous ne vous écrivons

point *avec la bulle*, ni à ceux de notre famille, mais avec le sceau du pécheur, dont les papes se servent dans leurs affaires secrètes. Donné à Pérouse, le jour de sainte Perpétue et de sainte Félicité. » (7 mars 1266).

Sa nièce, Gillie, dit-on, se maria; ses deux filles prirent le voile, pour mieux répondre à ses vues. On assure néanmoins que le sévère canoniste aimait les arts et faisait mélodieusement éclater sa voix onctueuse dans les chants sacrés. Il n'oublia pas non plus son lieu natal, ni la belle église de Nîmes, aux vitraux merveilleux, ni la fontaine sacrée du docte savoir. Ne l'oublions pas, nous, il protégea un génie incompris : le moine Roger Bacon.

Les édits scellés avec la bulle montrent Gui Foulque sous un moins vénérable aspect. Il anathématise pour son roi élu le jeune Conradin, enfant déshérité dont la tête va rouler en holocauste sur l'échafaud (1). Son fidèle envoyé, l'archevêque Pignatelli, fait exhumer les restes de Mainfroi, le dernier de la race maudite, anathématisé vivant par Innocent IV, et enseveli par la pitié sous un tumulus de pierres. « Hélas! gémit au purgatoire l'ombre repentante, si le pasteur de Cosence, envoyé par Clément à ma poursuite, avait bien discerné en Dieu la face miséricordieuse (2), mes os reposeraient toujours à la tête du pont, près de Bénévent... » Voilà ceux chez qui Dante stigmatise l'abus des excommunications, transformées en armes politiques et impitoyables.

(1) Divers auteurs prétendent que Clément IV, consulté par Charles d'Anjou s'il devait épargner Conradin, son captif, aurait répondu : « *Mors Conradini, vita Caroli.* La mort de Conradin est la vie de Charles. » Sans admettre légèrement une imputation si grave, ses anathêmes avaient justifié d'avance *le sacrifice.*

(2)
    Se 'l Pastor di Cosenza, ch' alla caccia
    Di me fu messo par Clemente, allora
    Avesse in Dio ben letta questa Faccia, etc. (*bonta infinita*),

Purg., ch. iii. (Voyez *la Biogr. de Manfred.*)

Déjà, dans sa légation en Angleterre, pour pacifier la querelle des investitures, sous Henri III, le fougueux Languedocien avait excommunié les villes maritimes, et presque toute l'île anglo-normande. Car l'interdit ne frappe [pas seulement les individus, dans leur chair vive, dans leur sépulcre et dans leur mémoire ; il enveloppe les familles entières, les cités, les royaumes, les archipels et les monts. Arme à double tranchant, conservateur et destructeur, il était, par une pente fatale, entraîné vers son côté subversif. Trop souvent silencieux devant les hauts scandales, selon les circonstances, il déliait les époux et les sujets de leurs serments, sur des prétextes purement canoniques ou à propos des intérêts terrestres, comme pour l'adultère et pour le crime ; il brisait les nœuds formés par la nature et les affections les plus saintes; il provoquait les schismes et les révoltes ; il sanctifiait le bûcher et le poison. Aussi, bien avant et après le Florentin, retentissaient les échos des clameurs populaires; vous les avez entendues et nous les entendrons sans trêve.

« *Roma, caps de la dechasensa on déchai totz Bes.* — Rome, chef de la décadence où déchoit tout bien ; — Rome par qui meurent *préts e mercès,* le mérite et la miséricorde ;

« *Roma trichairits,* Rome traîtresse... qui écorches les brebis et règnes par argent ; Rome, cime et racine de tous les maux;

» *Roma perjura,* Rome parjure, visage d'agneau pour le simple regard, au dedans loup enragé, serpent couronné, engendré de vipère. C'est pourquoi le diable te nomme sa créature (1). »

Ainsi chantait à cris redoublés, devant les massacres toulousains, le troubadour Figuéras dans le midi. Adieu les fleurettes galantes. Et dans le nord, les minnesingers, montant sur un ton aigu leurs lyres mélancoliques, traversées par le sifflement des dards ou la

____

(1) Poésies des troubadours, recueillies par Raynouard.

plainte des victimes : « Oh ! voyez le pape, ce bon chrétien, comme il rit à haute voix devant ses Italiens ! deux Allemands sont aux prises et ne portent qu'une couronne ; ils vont bouleverser l'empire, » tantôt les empereurs et les contre-empereurs, tantôt les pères et les fils (1). « Le welche les propose, les impose et les dépose ; il joue avec eux et avec les peuples, comme avec des mannequins et des poupées. » Où es-tu, sainte unité, vierge divine, rêvée par Hildebrand, par les mystiques de la foi et par les chantres de l'amour ?

Laissez-moi vous montrer encore, sinon dans ses représentants dont la tête s'enténèbre et se coiffe de vipères, dans un de ses fervents apôtres, le rayon de cette puissance que le Christ a couronnée d'étoiles immortelles et Grégoire de périssables diadèmes. Au siècle précédent, un archevêque de Cantorbéry, siége toujours agité des mêmes orages, Anselme est exilé par le monarque anglais pour avoir maintenu, contre ses attributions et taxes arbitraires, les ordres de Rome et les immunités de l'épiscopat. Le jour de l'adieu, avec la lumière du matin, il entre dans son cabinet : « Vous m'avez condamné à l'exil ; je vais obéir. Mais, comme catholique, je suis votre père et votre archevêque ; je viens vous bénir avant mon départ. » Le prélat donne l'onction sainte à Henri III, qui s'incline et se signe sous la bénédiction pastorale, et il quitte en silence le palais, puis l'Angleterre et son bercail. Nous le retrouverons, parmi les docteurs, dans les pléiades du paradis. Quel contraste avec l'archevêque de Cosence, avec les Innocent et les Clément, dont le nom semble une raillerie amère !

(1) Extraits des poésies du célèbre Valter et de Siguebert, autre maître chanteur. Le premier désignait la guerre de Philippe le Gibelin et d'Othon le Guelfe, deux prétendants rivaux, pendant la minorité de Frédéric II ; et le second celle allumée par l'anti-empereur papiste, Guillaume de Hollande, contre le même empereur. (*Voir sa biogr.*)

PAPES DE L'ENFER ET DU PURGATOIRE

Divina commedia (1).

ADRIEN V (Ottobuone de Fiesque). Traversons maintenant les royaumes invisibles, où le doigt du poëte nous indique en traits sombres notre chronologie sacrée sur le cadran éternel : *Adhæsit pavimento anima mea* (2). Priez. Ce sont les âmes contrites qui accomplissent leur épreuve dans le cinquième giron du Purgatoire. Ici du moins on aime, on pleure et on espère encore, grâce au repentir.

Une des âmes se détache, jadis le front hautain, là, inclinée sous le manteau blanc. Élu déjà vieux, l'an 1276, Ottobuone le porta pendant trente-neuf jours à peine. « Je préférerais, disait-il, être cardinal en santé que pape moribond. » Il pécha, comme les deux suivants, par un excès contraire à celui de son rigide prédécesseur. Il expie, la face contre terre, les yeux humides, son amour des richesses et ses affections temporelles. Durant sa courte exaltation sur le saint-siége, il a sondé leur vide. Vanité !

« J'ai connu, soupire-t-il, l'inquiétude inapaisable du cœur et le faîte de la grandeur humaine (3). » Les yeux attachés au sol, comme il les tenait ici-bas, selon les paroles latines psalmodiées par les pénitents, il chemine sans regarder en haut, où rayonne la lumière. Le pieux voyageur mortel, pour honorer sa dignité ponti-

---

(1) *Voyez* ci-devant, page 25, les Antipapes et les Théoploutocrates, premier chapitre de cette série qui ouvre directement le Musée dantesque dont les tableaux précédents forment le vestibule historique.

(2) Mon âme s'est attachée au sol. v. du Psaume 118.

(3)   *Vidi che li non si quelava il core,*
      Né più salir potiesi in quella vita ;   *Purg.*, ch. XIX.

ficale, se prosterne à son tour devant le voyageur immortel, qui le relève en lui disant : « Nous sommes ici, toi et moi, serviteurs de la même puissance. »

Le pape Adrien descendait de la famille des comtes de Lavagne, ainsi nommée de la rivière qui coule entre Sestri et Chiavari, dans les États de Gênes. Sa jeune parente avait épousé Marcel Malaspina, l'un des seigneurs chez qui Dante proscrit trouva un refuge amical, et par un touchant souvenir, il se recommande à ses prières : « J'ai là-bas encore, dit-il, une nièce appelée Alagia (1), bonne nature. Puisse le mauvais exemple de notre maison ne pas la pervertir ! — Elle seule, à présent, me reste dans le monde. » O infimité des grandeurs.

MARTIN IV (Simon de Brie). Ombre hâve et desséchée, il monte plus loin dans le sixième cercle, vers l'arbre tentateur, au décevant mirage. Car, dit son compagnon Forèse, en le désignant au poëte : « ce pénitent, dont les os percent davantage la face, eut la sainte église dans ses bras. » — Il naquit à Tours, et il rachète par le jeûne les anguilles de Bolsena et la Vernaccia (2). « Le péché de gourmandise l'a placé, comme Tantale, devant les belles eaux et les beaux fruits insaisissables, probablement aussi son péché de guelfisme ou de lèse-majesté gibeline.

Ancien trésorier de l'église de Tours et légat du saint-siége en France, nommé cardinal par Urbain IV, élu l'an 1276, il se montra comme lui velche, dévoué aux Capétiens et aux Angevins,

____

(1) Voyez, au livre de l'Italie, la famille des Malaspini.
(2) Espèce de vin blanc exquis, dont la vigne, cultivée en plusieurs lieux d'Italie, mûrissait avec abondance dans les campagnes véronnaises.

> *Ebbe la santa chiesa in le sue braccia :*
> *Dal torso fui, e purga per digiuno*
> *L'anguille di bolsena e la vernaccia.*
>
> *Purg.*, ch. xxiv.

ses compatriotes. Son règne, tempêtueux dès l'origine, fut marqué par les lugubres Vêpres siciliennes ; il anathématisa Michel Paléologue et Pierre d'Aragon, leurs deux complices protégés par son prédécesseur Nicolas III, avec tous leurs auteurs et fauteurs. Une troupe française, qu'il appela en Italie, s'en vit repoussée par les habitants de Forli et y laissa un monceau sanglant, comme le désigne une allusion amère (1). Philippe le Bel et Charles d'Anjou, auxquels il donna l'empire d'Occident et le trône de Sicile, pour y remplacer les deux princes anathèmes, n'en purent profiter. L'an 1282, il fut emporté par la peste au milieu de sa croisade contre le monarque aragonais.

Sous le rapport gastronomique, il représente les jouissances du ventre, l'un des côtés du sensualisme clérical, bafoué tant de fois par la verve dantesque. Les anguilles du lac de Bolsena, en Toscane, étaient fort renommées ; le cardinal Simon, très-friand, les faisait mettre toutes vives dans le vin doux appelé Vernaccia, et accommoder en matelote. Ainsi mouraient à petit feu les pauvrettes, enivrées du nectar véronais. Les mauvaises langues assurent que le bienheureux Père s'écriait, en les mangeant et songeant à leur supplice : « Bon Dieu ! comme nous souffrons pour la sainte Église. » Intègre comme les velches au surplus, quand son frère vint le voir peu après son élection, dans l'espoir d'une fortune brillante, il répondit à ses demandes : « Je suis aujourd'hui trésorier de la chrétienté, » et il lui paya seulement les frais du voyage, aller et retour. On ne dit pas s'il lui fit goûter du moins fraternellement son mets favori. En revanche, on rapporte cette

(1)   *La terra che fe già la lunga prova,*
E di franceschi sanguinoso mucchio,
Sotto le branche verdi si ritrova.

La terre qui soutint jadis le long siège, — et garde un monceau sanglant de Français, — se retrouve sous les griffes vertes. (Le lion vert, blason des Ordelaffi.   *Enfer,* ch. XXVII.

épitaphe composée par d'irrevérencieux Vadius, et qui peut servir
de commentaire historique aux paroles de Forèse :

Gaudent anguillæ quia mortuus hic jacet ille
Qui, quasi morte reas, excoriabat eas.

Les anguilles se réjouissent de voir ici couché
Celui qui les écorchait comme des meurtrières (1).

NICOLAS III (Gaetan-Orsini, élu en 1277). Redescendons vers
la nuit noire, vers les laideurs et les tortures sans fin. Quoique le
Bolonais siégea trois ans sur le trône terrestre entre Adrien V et
Martin IV, sa distance dans l'éternité nous oblige de le placer
après eux. Il occupe la fosse où brûlent les simoniaques, pour qui
la trompette florentine résonne, au 8e cercle infernal, dans le troisième bolge (2).

L'échelle satanique, décrite par le prédicateur d'Arezzo, a ici sa
contre partie. Les trous circulaires de la fosse, taillée dans la roche
brûlante comme les fonts du baptistère de Saint-Jean, à Florence,

______

(1) Un précédent traducteur estimé de *la divine Comédie*, feu M. Artaud de
Montor, membre de l'Institut de Paris et de l'Académie della Crusca, interpré-
tait pareillement le texte italien du passage qui concerne Martin IV. Ignorant
alors le nom du raisin d'où se tirait la blanquette toscane, et mû par un sentiment pythagoricien d'humanité pour ces pauvres ovipares, dans sa première
édition, il lui faisait expier la cruauté de les avoir *fait mourir au printemps*,
(terme par lequel il traduisait Vernaccia.) Cette brioche-là, corrigée depuis,
valait bien les anguilles du Pape. Qu'on ne rie pas trop ! les plus doctes en ont
fait avaler d'autres et y sont exposés, avec notre hiéroglyphique encyclopé-
diste.

(2).   *O Simon Mago, ó miseri seguaci,*
              Che le Cose di Dio..... e voi rapaci

              Per oro e per argento adulterate ;
              Or convien che per voi suoni la tromba
              Perocche nella terza Bolgia state.

O Simon le Magicien, ô misérables sectateurs ; — et vous, rapaces qui pros-
tituez pour or et pour argent les choses divines , — pour vous maintenant va
résonner la trompette ; — pour vous, ensevelis dans le troisième bolge.
                                        Enfer, ch. XIX.

emprisonnent les papes sacriléges, engloutis la tête en bas. A mesure que les nouveaux arrivent et les remplacent, les précédents s'enfoncent plus avant dans le gouffre où ils disparaissent. Ainsi est plongé le pécheur, naguère ceint de la mitre ; ses pieds flamboyants, qu'agitent des mouvements convulsifs, sortent de l'un des trous. Interrogé par le poëte et lui répondant sans le voir, il s'écrie : « Déjà ici ! déjà ici, Boniface ! » Bientôt détrompé sur sa méprise, il confesse l'insatiable cupidité qui le perdit pour enrichir les Oursins, ses parents ; puis il annonce la chute prochaine de Boniface VIII, dont il attend la venue, et celle de Clément V, destiné à les couvrir tous deux. Une terrible colère sarcastique aiguillonne le dialogue. Le damné agite de plus en plus ses pieds à demi-consumés, tandis que son interlocuteur lui chante ses ardents tercets : « Vous vous êtes fait des dieux d'argent et d'or, quelle différence entre l'idolâtre et vous ? il en adore un et vous en adorez cent. — Il vous désignait, pasteurs, l'Évangéliste qui a vu la bête assise sur les eaux, se prostituant aux rois. — Votre avarice attriste le monde, écrase les bons, exalte les pervers (1). »

Le gibelin frappait dans Nicolas l'un des grands champions de la bête, à la fois le patriarche du népotisme, abus alors si fréquent d'où naissaient d'autres perversions, et le zélé promoteur des intérêts temporels du saint Siége. Ce pape enleva également à Rodolphe de Hapsbourg plusieurs places fortes du sacré domaine, et à Charles d'Anjou le titre de patrice romain avec le vicariat de

(1)
 Che la vostra avarizia il mondo attrista,
Calcando i buoni e sollevando i pravi.

. . . .
Puttaneggiar co'regi lui fu vista.

. . . .
Fatto v'avete dio d'oro e d'argento,

       Enfer, idem.

l'empire en Toscane, car l'instrument fidèle avait rempli la mission papale : écraser les aiglons dans la couvée. On prétend aussi
que sa vive animosité contre le prince angevin eut pour origine
le refus altier d'un mariage proposé entre leurs deux parents (1).
Nous l'absoudrions volontiers s'il eût médité l'affranchissement de
sa seconde famille nationale, en refoulant les deux talons étrangers
imprimés sur la terre italique ; mais, par la suppression définitive
des titres patriciens et impériaux, il voulait seulement porter un
dernier coup aux antiques prérogatives, dont l'ombre importunait
les siennes. Sa famille théocratique et sa famille consanguine, ses
chers Oursins, comme il l'avoue, le préoccupaient beaucoup plus ;
il leur prostitua sans scrupule les biens du pauvre et les choses de
Dieu. Toutefois, les commentateurs se sont trompés en attribuant
sa place parmi les suivants de Simon le Magicien, uniquement
aux scandaleuses faveurs dont il dota ses proches. Dante lui-même
l'indique assez clairement dans ses paroles au porte-clef paradisal
déchu : « Reste-là, justement puni, et garde la monnaie mal acquise
(*la maltolta moneta*) qui t'a rendu si audacieux contre Charles. »

Le docte historien des républiques, Sismondi, nous fournit ce
renseignement. Jean Procida demandait à l'empereur Paléologue
des secours pécuniaires pour aider la révolte de la Sicile et la restauration des princes aragonais. L'empereur, ne voulant point compromettre sa nouvelle alliance avec le saint-siége, exigea l'assentiment du pape à l'acte projeté. L'intrépide agitateur, accompagné
de l'envoyé grec, se rendit de suite à Rome et obtint une audience
secrète de Nicolas dans le château de Suriano. L'or byzantin y
servit, dit-on, à la transaction pontificale. Gaëtan Orsini scella, par
le sceau sacré, la revendication des droits de Constance d'Aragon.

<hr>

(1) Selon les chroniques, Charles d'Anjou, par une allusion blessante,
aurait dédaigneusement répondu à la proposition : « Le pape croit-il que sa
lignée, avec ses pieds rouges, soit digne de s'allier aux lis blancs ? »

C'était sanctionner les vêpres sanglantes. Le poëte impartial,
remarquons-le, malgré ses affinités diverses, stygmatise leur con-
sécrateur. *O Simon mago... aleppe.* Voici un de tes enfants perdus! A quoi lui serviront les larmes abondantes dont il mouillait
ses paupières, quand il célébrait le sacrifice éternel? Sans doute
il pleurait sur les fautes et les agonies humaines. Puissent-elles
tomber, avec ses œuvres pies, dans la suprême balance et adou-
cir la sentence *del inferno.*

Les Papes docteurs. — Ceux-là s'éclipsent inaperçus dans la
tempête séculaire; aucun cercle infernal ou divin ne garde leur
souvenir. Étrangers aux querelles intestines, ils s'occupent là-haut
des questions disciplinaires et dogmatiques, et la plupart appartiennent à la série française. Heureux mille fois! leurs noms ne
sont durablement inscrits que dans les annales ecclésiastiques et
dans le paisible recueil de notre Académie des inscriptions et
Belles-Lettres, qui continue la précieuse collection littéraire des
bénédictins de Saint-Maur.

La même année qu'Adrien V, ont passé comme des ombres,
Grégoire X, de la famille de Visconti, qui composa une admirable
oraison pour la paix entre les fils d'un même Dieu, *entre les frères
d'une même patrie*, et Pierre Taragonaise de Savoie (Innocent V),
dominicain, ami des lettres, formé par nos maîtres; avant de
s'endormir, ils ont prêché la concorde aux églises et aux républiques furieuses. Paix sur leurs cendres! Après eux, Pierre d'Espagne (Jean XXI) lève les yeux vers le ciel, mais pour y chercher
les mystères cabalistiques, car il croit à l'astrologie; comme
Sylvestre II , il est docteur célèbre en philosophie et en méde-
cine, sinon en science gouvernementale. Les universités de Paris
et de Metz le comptent parmi leurs professeurs; ses ouvrages
vulgarisent dans nos écoles la doctrine d'Aristote, tour à tour

12

adoptée avec fanatisme et mise à l'index comme hétérodoxe. Son *Thesaurus Pauperum* (Trésor des Pauvres), rédigé d'après Hippocrate , offre le premier manuel médical à l'usage populaire. On l'accuse aussi de magie et de penchant pour les idées nouvelles. Ses horoscopes lui prédisent une longue carrière, et il meurt trois jours après son élection, écrasé sous la chute d'un mur de son palais, à Viterbe. O vanité de la science ! La chronique rapporte qu'un marchand florentin, alors en pleine mer, fut extraordinairement averti de son trépas, qu'un dominicain vit, la veille, en songe sa catastrophe, et qu'un autre, présent, l'entendit s'écrier sous les décombres : « Hélas ! je n'aurai pas achevé mon livre ?.. » plutôt que de penser à son salut. On rapporte aussi que ses doctes tendances avaient heurté certaines confréries monastiques.

O vanité de la vie ! Le paralytique Honorius IV, élu en 1285, après Martin le Gastronome, ne pouvait monter à l'autel ni officier sans une machine locomotive. Esprit encore actif sous une enveloppe inerte, il veut fonder à Paris, où il fut baptisé docteur, la première chaire de langues orientales ; mais la parque inexorable interrompt sa bonne œuvre dans son germe. Son successeur, Nicolas IV (JÉRÔME D'ASCOLI), docte franciscain, se montra également notre disciple libéral ; plus heureux, il fonde l'université de Montpellier. La croix sur la poitrine, il étend ses bras médiateurs entre les princes chrétiens, prêts à se déchirer devant les monts volcaniques, et jette en mourant un dernier cri pour ranimer l'enthousiasme éteint des croisades,

Tout s'épuise et s'éclipse, hors les ambitions et les haines. Les quatre familles rivales, qui semblent les personnifier dans le conclave, les Colonna, les Savelli, les Visconti, les Orsini, se disputent tour à tour, selon leur parenté, le choix et la faveur des élus. Ils ne s'entendent pas et se retirent dans leurs terres. Les luttes

fratricides recommencent dans Rome veuve où sont réélus les
sénateurs : simulacres dérisoires ! On rappelle le conclave dispersé.
Mais la vieillesse et une épidémie, causée par l'air empesté de la
Maremne, moissonnent successivement tous les candidats. La
chrétienté se demande avec effroi si ce n'est point, comme on
l'annonce, la fin des temps. *Ego sum papa,* murmure la vieille
déesse égyptienne, la mort : c'est moi qui suis papesse !

ASTROLOGUE AU XIIIe SIÈCLE.

CÉLESTIN V (Pierre). Fondateur de l'ordre des célestins, appelé Morone, du nom de la montagne où il avait choisi son ermitage et vivait selon la règle de Saint-Benoit, avant son élection en 1294. « Je vis l'ombre de celui qui, par lâcheté, fit le grand refus (1), » dit le poëte sans le nommer. — Ombre nébuleuse, il erre au vestibule de l'abîme, là où ne luisent plus les étoiles de l'espérance, mais où retentissent les lamentations et les blasphèmes; il tournoie avec les anges restés neutres dans l'antique guerre divine, et parmi les hommes inertes entre le bien et le mal : troupe innombrable et sans nom, sans vices ni vertus, sans infamie ni gloire, suivant à jamais un étendard sans devise, emporté sans repos.

(1) . . . . *Vidi l'ombra di colui*
Che fece, per villate, il gran refuto.   *Enfer*, ch. III.

« *Questi sciaurati che mai non fur vivi*, Malheureux qui ne furent jamais vivants , ils étaient nus; un essaim de moustiques et de guêpes les harcelait sans cesse.

» Leur sang ruisselait de leur visage avec leurs larmes, et des vers dégoûtants les recueillaient à leurs pieds (1).

» Le monde n'a point conservé leur mémoire; la miséricorde et la justice les dédaignent; ne parlons pas d'eux ; mais regarde et passe: *Non ragionam di lor, ma guarda e passa.* »

J'en demande bien pardon à l'inflexible justicier qui trace de tels tableaux et met de si dures paroles dans la bouche du doux cygne mantouan. Faisons halte une minute. Son arrêt sent le feu des guerres civiles. N'y a-t-il point d'hommes purs, ni de milieu entre les blancs et les noirs ? Ne cherche-t-il pas lui-même une médiation ? Ne confondons pas, avec les égoïstes et les lâches, les pacifiques, les protestants, les vaincus de l'idéal. Cet ermite octogénaire, qui faillit, j'en conviens, à sa tâche pontificale, m'intéresse vivement, car s'il y renonça, il n'en avait ni cherché ni ambitionné l'honneur tant convoité par ses collègues ; sa figure agreste et simple, couronnée d'épines, se détache comme une touchante vision dans ce monde turbulent et vénéneux.

La multitude romaine ameutée, orageux écho des communes, demandait à grands cris un pape pour désarmer les fléaux suspendus : l'épidémie, la famine et la discorde. Les cardinaux assemblés dans le conclave, où la contagion planait silencieuse, ne savaient quel élu ou quelle victime choisir. L'un d'entre eux, survenant avec une émotion visible, leur annonça qu'ils eussent à se hâter, car un saint homme avait reçu dans une vision l'avis des

___

(1)   *Elle rigavan lor di sangue il volto,*
Che mischiato di lagrime, a' lor piedi
Du fastidiosi vermi era ricolto.

                               Enfer, ch. III.

plus grands malheurs, si on laissait plus longtemps sans pilote le divin vaisseau. Quel est ce prophète ? repliquèrent quelques voix : —L'ermite Morone, connu par la sainteté de sa vie et dont la vertu, assure-t-on, se manifeste par des prodiges. Sa révélation m'a suggéré une autre idée peut-être providentielle ; c'est de l'élire.— Oui ! oui ! repartirent plusieurs voix. Le cardinal Gaëtan écoutait dans un coin et resta muet. La vision miraculeuse et la proposition coururent aussitôt l'assemblée ; on élut à l'unanimité Pierre Morone. Deux évêques et un archevêque allèrent, selon l'usage, dans son humble retraite, lui annoncer son avénement. Le pauvre ermite, voyant arriver ces hauts dignitaires de l'Église, se jeta à leurs genoux. Ceux-ci, le saluant de son titre, lui rendirent un égal hommage. Cependant il voulut consulter Dieu sur une mission aussi extraordinaire ! —La voix céleste lui répondit d'accepter. Bientôt tout un peuple enthousiaste accourut pour voir le mendiant transformé en souverain, et lui demander sa bénédiction.

Sa simple histoire forme sa légende pontificale. Son père s'appelait Augier, et sa mère Marie. Tous deux, pauvres cultivateurs, habitaient le diocèse d'Isernia, dans l'Apulie. Pierre, le onzième de leurs douze fils, entrainé tout enfant par une vocation secrète, se voua au service de Dieu, et homme, il se retira dans un ermitage, sur le penchant d'une montagne voisine du château de Langre, n'emportant qu'un seul livre, l'Évangile, sa besace et son bâton de pèlerin. Puis, pour mieux contempler l'infini, bientôt il gravit la crête rocheuse où il se creusa une demeure à peine deux fois large comme un tombeau. Ses austérités saintes et ses prédications dans ses courtes excursions y attirèrent un concours d'âmes pieuses, qui imploraient sa bénédiction en échange de leurs aumônes. Trois ans écoulés, il alla saluer la ville éternelle, s'y fit ordonner prêtre, et revint au mont de Morone, près de Sulmone, dans l'Abbruzze Ultérieure. Il s'y ensevelit durant

cinq années dans une caverne, visité seulement des esprits célestes, des voyageurs et de quelques autres solitaires. Après quoi,
troublé par les défrichements des cultivateurs, il se fixa sur le
coteau de Margelle, dans une grotte spacieuse ; les anachorètes,
ses disciples, l'y suivirent comme un essaim. Épuisé par ses méditations et ses macérations, il passait quelquefois de l'atonie
cataleptique dans des extases où il prophétisait, comme Joachim
dans son abbaye de Flore, et ses prosélytes rustiques répandaient
ses oracles dans les villes. Sa nouvelle grotte se changea en un
temple mystérieux ; et un monastère fut bâti au-dessus pour
la communauté tout entière, avec la sanction d'Urbain IV. Néanmoins, renfermé dans sa cellule, juste assez large pour y célébrer la messe, assez ouverte pour respirer l'air, il continua sa
dure vie ascétique. Puis, le voilà revêtu du manteau blanc.

Spectacle inouï, qui deviendra de plus en plus rare ! Au sommet de l'édifice féodal, échelonné sur la noblesse et la richesse,
le vieux catholicisme élevait par intervalles, comme une leçon
éclatante, des plébéiens pauvres, des illettrés, des manœuvres ;
des hommes sans nom et sans toit, s'inscrivant sur la plus haute
des hiérarchies, portant pour sceptre un bâton pastoral et pour
blason un signe spirituel, dominaient les seigneuries superbes,
les majestés d'acier, de pourpre et d'or.

Célestin, toujours aussi humble, voulut faire son entrée dans la
ville d'Aquila, monté sur un âne, comme il avait coutume d'aller, et
comme le Christ dans Jérusalem. Deux monarques, Charles, roi
de Naples, et Charles Martel, roi de Hongrie, tiennent la bride de
sa monture. Il aima mieux séjourner dans cette ville que d'aller
revêtir ses pompes apostoliques dans la cité impériale, où l'appelaient ses cardinaux. Cette innovation leur déplut ; quelques décrets, où il tentait de ressusciter la discipline primitive, les indis-
posèrent davantage. L'un, par exemple, leur interdisait l'usage

des litières et attirails luxueux ; l'autre leur prescrivait pour l'a-
venir la claustration sévère du conclave électif. Son inexpérience
dans les affaires temporelles ne leur prêta que trop d'armes contre
lui et paralysa ses bonnes intentions ; absorbé par des méditations
pieuses et des rêveries mystiques, il ne savait même pas, disait-on,
expédier les affaires les plus simples ; il conversait avec les anges
et ignorait l'art de parler avec les hommes. Il adressait les mis-
sives du chancelier au cardinal, se laissait abuser par les protestations ou les instances trompeuses, nommait aux emplois des gens
inexperts et parfois plusieurs au même emploi. Les familiers apostoliques et les secrétaires vénérables, élevés par la sainte cour,
n'étaient-il pas de moitié dans ces erreurs.... avec le diable ou le
seigneur Gaëtan ? nous l'ignorons. Enfin, et ceci pourrait bien
avoir été réfléchi, sur douze cardinaux qu'il introduisit dans le
sacré collége, il en choisit sept Français, ce qui acheva d'irriter les
familles italiennes. On le déclara tout haut incapable.

Le cardinal Gaëtan, qui gardait impatiemment le siége pontifical, mit à profit les circonstances. Par les raisons les plus in-
stantes, il démontra aux prélats, dont il captait adroitement les
esprits, la nécessité d'une direction ferme parmi les orages du
siècle ; au faible Célestin, dont il épouvantait les scrupules par des
visions menaçantes, la nécessité d'une abdication immédiate (1) ;
au roi de Naples qui soutenait le pape, la nécessité d'avoir pour sa
cause un appui plus énergique, et il s'offrait tout bas... Oh ! celui
qui siégeait là, tête blanche, regrettait bien souvent son étroit
ermitage avec son lit de paille et sa cruche d'eau. Dans sa can-
deur fervente, il avait projeté une nouvelle réforme, non semblable à celle d'Hildebrand ou à celle de Luther, — la réforme évan-

____

(1) On affirme qu'employant des moyens occultes pour le terrifier, il lui
aisait entendre, pendant ses veilles nocturnes, des menaces terribles avec
un porte-voix, ou apparaitre des fantômes par des supercheries.

gélique... Vaine tentative ! La corruption montait, montait sans
cesse, comme les vagues soulevées de la mer, et les hideuses
réalités se dressaient pour l'envelopper.

Une nuit d'automne, le pontife anachorète priait dans son ora-
toire, devant un Christ d'ébène éclairé par une lampe, et l'Évangile ouvert devant lui. Les yeux humides, il lui demandait de le
soutenir dans ses angoisses ; il implorait ses illuminations ; sa tête
affaiblie par les chagrins, les jeûnes et les luttes renaissantes, se
penchait sur sa poitrine, comme celle de Jésus au Jardin des Oli-
ves. « Mon Dieu, murmurait-il, donnez-moi la force d'accomplir
votre œuvre, ou éloignez ce calice de mes lèvres. Parlez, rejetez-
vous le pauvre solitaire ? — Une voix effrayante se fit entendre.
— « Oui ! Dieu le rejette. — *Eli lamma sabactani;* » balbutia
le vieillard pétrifié. — « Homme faible, continua la voix, quitte
le siége auguste où tu ne peux servir le salut humain. Le monde
est livré à Satan, et tu n'as point la lance de Michel. Quelle folie
a saisi l'ermite de vouloir succéder à saint Pierre? Va, retourne
dans ta cellule, fais pénitence, Dieu t'a retiré sa protection. » —
Amen, gémit Pierre Morone, en baisant le parvis glacé.

Une semaine après la scène nocturne, Célestin rejeta le lourd
fardeau. Malgré une députation qui le priait de conserver sa dignité tutélaire, il apporta sa renonciation en plein consistoire.

« Désirant faire mon salut et retrouver le repos, je renonce,
dit-il, à la souveraine dignité de l'Église, dont mes prédécesseurs ont fait un métier. Je me reconnais incapable d'exercer les
fonctions pontificales, et donne au sacré collége pleine faculté de
s'élire un chef. » Et, déposant la couronne mondaine avec la
tiare, il s'en retourna vers la solitude pour pleurer sur les malheurs des peuples.

Là ne se termina point son épreuve. Suivant les canons, le sacerdoce de saint Pierre ne pouvait s'abdiquer tant que l'ancien

pape vivait encore ; le nouveau, élu à sa place, dont on contestait l'autorité légitime avec le droit d'abdication, craignait un retour ou quelque événement. Le pauvre ermite reçut donc l'ordre de se cloîtrer dans la tour de Malta, en Toscane, où l'on enfermait les prêtres coupables, et on lui donna pour surveillant l'abbé du mont Cassin. Étant parvenu à s'échapper, il s'enfuit à la hâte, par des chemins détournés, vers son ancienne cellule, sur la paisible montagne sicilienne où il espérait goûter le repos. Hélas ! son cruel successeur, dont le courroux avait déjà puni son maladroit gardien emprisonné à sa place, le faisait chercher de toutes parts. Ses messagers le rencontrèrent et le contraignirent de revenir à Rome dans un déplorable état. Puis, comme la foule se prosternait toujours sur son passage, le pape le confina dans la forteresse de Fumone, la même où avait expiré l'anti-pape Maurice Burdin. Des archers interdisaient à tous la porte de son cachot ; il y mourut de chagrin en 1295. Les bonnes âmes conservèrent sa mémoire ; on le représentait et on l'invoquait, comme l'Esprit-Saint, sous la figure d'une colombe.

Innocente victime ! les malheurs où le pontificat suivant jetèrent l'Église et Florence ne sauraient lui être imputés. Des commentateurs ont prétendu tout concilier en rapportant l'allusion qui le frappe à d'autres personnages. Outre la disconvenance des analogies présentées, Pétrarqne, placé bien plus près des sources, a jugé comme nous. Si le Gibelin, trompé par l'erreur humaine, le met dans l'enfer, Clément V, à qui cela comptera pour une indulgence plénière, selon le vœu général, l'a exalté dans le paradis. Il méritait d'y figurer à côté des martyrs Lin et Calixte, du solitaire Sylvestre et du bienheureux Agapet. Venu en ce temps-là, il aurait dignement conduit les néophytes au cénacle, et posé sa tête exemplaire sous le couteau des licteurs.

BONIFACE VIII

(LE CARDINAL GAË-
TAN.) *Lo principe
da nuovi farisei :*
le prince des nou-
veaux pharisiens
(1). Nous le con-
naissons déjà par
son nom et ses
œuvres; nous l'a-
vons vu rempla-
cer, en serpentant.
le pauvre moine,
sa victime. D'a-
près la tradition
populaire, le pri-
sonnier de Fumo-
ne, dans sa tour
douloureuse, a jeté
ici-bas son horos-
cope. Nicolas III, avec la joie des damnés, prédit sa venue
dans la fosse de Simon le Magicien, et ses péchés retentissent
dans les trois royaumes. Comme il présidait le jubilé l'an 1300,
où est censé s'ouvrir le triple voyage surnaturel, Dante, ne pou-
vant l'y placer, y fait marquer son bolge, trois années avant sa
mort survenue l'an 1303.

Son pontificat plane comme un mauvais génie sur la période la
plus néfaste des annales italiques. C'est lui qui, fomentant par sa
politique cauteleuse les intrigues et les haines des deux factions

(1) *Enfer*, ch. XXIV.

florentines, a produit la crise révolutionnaire, où l'ex-prieur fut
condamné au feu; c'est lui qui leurrait le poëte ambassadeur,
protestant contre l'intervention française, tandis qne Charles de
Valois, secrètement appelé, traversait les Alpes pour aller protéger
les vengeances des noirs sur les rives de l'Arno. Aussi quels
trésors de verve et de courroux débordent en tercets. « Hélas !
malheureux, je serais sauvé sans le grand pontife, à qui mal en
advient (1), » s'écrie lamentablement Montefeltro dans les tour-
billons de la géhenne, car son ivresse orgueilleuse lui promit
l'absolution pour prix d'un conseil pervers. Et le Vénitien Marco,
dans la fumée expiatoire : « L'Église romaine, dis-le désormais,
pour confondre en elle les deux gouvernements, tombe dans la
fange et s'y souille avec toute sa charge. » *Cade in fange et sé
brutta e la soma* (2). » Et saint Pierre, parmi les splendeurs paradisales : « L'usurpateur assis là-bas sur mon siége, sur mon
siége vacant à l'œil divin, change mon cimetière en un cloaque
de sang et de pourriture. » — L'épouse du Christ ne fut pas
allaitée avec mon propre sang, ni avec celui de Lin et de Clet,
pour être accoutumée à l'acquisition de l'or (3). — Nous n'avons
jamais entendu voir cela : le peuple chrétien divisé par notre successeur en deux moitiés, l'une siégeant à droite, l'autre à gau-
che ; — les clefs remises en mes mains, armorier les étendards
levés contre les baptisés ; — mon image servir d'emblème aux

(1)   *Se non fosse 'l gran Prete, a cui mal prenda.*
                           Enfer, ch. XXVII.

(2)   *Purg.* ch. XVI. (*Voy.* la Biog. de Gregoire VII, p. 16.

(3)   *Quegli ch'usurpa in terra il Luogo mio,...*
       .... Fatto ha dell cimiterio mio cloaca
       Del sangue e della puzza......
       — Non fu la sposa di Cristo allevata
       Del sangue mio, di Lin, di quel di Cleto,
       Per essere al acquisto d'oro usata.   (*Par.*, ch. XXVII).

priviléges vendus et menteurs, *A privilegi venduti et mendaci*, dont souvent je rougis et m'indigne (1). »

Applaudissons avec les vrais catholiques , applaudissons avec tous les historiens sacrés et profanes. Tous ont stigmatisé ce pape qui fit de son pouvoir un négoce, de ses foudres célestes un tison, de son intellect un réceptacle démoniaque. Plusieurs, vu son intrusion violente du vivant de son devancier, le regardaient comme illégitime, comme anti-pape. A leur tête se trouvaient les Colonna, ses collègues impérialistes, les cardinaux Jacques et Pierre, devenus ses adversaires implacables (2). Le mercredi des cendres, il aperçoit un archevêque de leur parti sur les marches de la nef, et lui lançant de la poudre dans les yeux, il lui crie avec fureur : « *Memento, gibelino.* Souviens-toi, gibelin ; tu n'es que poussière et tu redeviendras poussière, avec tes pareils. » Bientôt, en réponse à leurs manifestes accusateurs, il leur lança des hallebardes et des malédictions. Alors, comme dit le poëte, le prince-pape guerroyait près de Latran, non contre les Sarrasins et les Juifs, mais contre les Chrétiens, contre ses acolytes (3). Il révoqua leurs dignités ecclésiastiques ; il les exclut du conclave et de l'Église ; il fit raser leur palais dans Rome et leur enleva le château de Préneste ; il les poursuivit avec ses troupes jusque dans Palestrina , leur place forte, dont le conseil du chevalier-moine damné lui ouvrit les remparts inexpu-

(1)
    — Non fu nostra intenzione ch'a destra mano
    De' nostri successor parte sedesse,
    Parte dall' altra, del popol cristiano ;
    — Ne che le chiavi, che mi fur concesse,
    Divenisser segnacolo in vessillo,
    Che contra i batezzati combattesse, etc.   *Par.*, ch. xxii.

(2) Des raisons plus personnelles, d'après divers rapports, auraient redoublé l'inimitié entre eux. Suivant les uns, étant cardinal, il avait tenté de livrer complaisamment à son neveu, par surprise, en petit souper. une dame de leur maison. Suivant quelques autres, il avait entretenu des relations clandestines avec l'épouse même du comte Colonna.

(3) V. le ch. précité (xix), *Enf.*

gnables ; il les traqua si bien, que Sciara, leur chef belliqueux, ne trouvant plus d'asile en Italie, pour gagner Marseille, se sauva déguisé sur une barque, où il fut pris par des pirates. Ce n'est là qu'un des coups d'escrime du maître ; sa griffe s'attaquait à de plus hautes majestés.

Lui aussi, théocrate ou mieux autoploutocrate, il afficha les maximes grégoriennes, déployées dans sa célèbre bulle *unam sanctam ;* il battait, avec ses édits, la grosse caisse et force monnaie, employant tour à tour les tonnerres et les indulgences, comme pour montrer tout leur danger, toute leur dégradation entre les mains terrestres (1). Pendant l'affluence du jubilé séculaire, grand spectacle religieux inventé à son bénéfice, on le vit, revêtu de l'habit pontifical, la tiare décorée par deux couronnes (2), bénir l'immense concours prosterné devant son altesse. Tantôt il paraissait devant la multitude vêtu en empereur, le diadème au front, faisant porter devant lui l'épée, le sceptre et les autres marques impériales. Un héraut s'en allait criant par la ville : « Voici les deux épées, signe du double pouvoir que le Christ remit à Pierre. » Habile canoniste et preneur de forts, n'avait-il pas, comme le Christ, une double nature à son mode, la main et la griffe.

(1) *Par.* ch. IX, Il ajoute un huitième chapitre au livre des décrétales, grossi par ses successeurs et dont le poëte attaque l'idolâtrie. (Voyez Jean XXII.)

Les bruits publics lui attribuaient, entre autres inventions fructueuses, avec le porte-voix conseiller de Célestin, les translations miraculeuses de la *Santa Casa,* par les anges desservants, et dont l'Eglise retirait des bénéfices considérables. Le religieux Jacopone de Todi, l'auteur de nombreuses poésies, qu'il fit mettre en prison pour ses attaques, l'apostrophe ainsi dans une satire : « O pape Boniface, jusques à quand prendras-tu le monde pour jouet ? — *O papa Bonifacio, — quanto hai quescato al mondo?*

(2) Suivant une version accréditée, Hildebrand aurait fait graver sur la tiare, au couronnement de Nicolas, deux cercles emblématiques, avec deux inscriptions latines portant sur le premier : « La couronne spirituelle par la main de Dieu; » et sur le second : « La couronne de l'empire par la main de Pierre. »

Garampi a réfuté là-dessus le cardinal Bennon, et la deuxième couronne, en réalité, ne fut introduite qu'avec Boniface VIII.

Double en tout, multiface ou maliface, et non pas Boniface, il
présente le type des caméléons. Ses passions insatiables, voilà
son parti : *superba febra,* la fièvre d'orgueil, la colère et la cupidité, ses trois signes distinctifs ; l'ambition, l'incontinence, la
fraude, la simonie sous toutes ses formes, même l'hérésie, et l'a-
théisme, lui furent publiquement reprochés (1). Lisez le réquisitoire
dressé par l'avocat général Nogaret devant le parlement français. Sa guerre mirifique avec le vainqueur de Bovines montra
le théocrate dans toute sa prestesse et dans toute sa hauteur. Il
donna, ma foi, à l'empereur allemand, notre beau royaume où
son ardent soufflet attisait la révolte et où il appelait les étrangers
contre le hardi défenseur de la *Vierge folle,* autrement dit l'*Église
gallicane.* Je vous renvoie aux Capétiens pour plus amples détails (2). Nous n'avons ni le courage ni le besoin d'entrer ici non
plus dans ses obscures diplomaties, comme celle où il fit un marché
d'échange de peuples, de trônes et de femmes princières, entre
Charles II, roi de Naples, et Jacques Ier, roi d'Aragon, marché où il
essaya d'entraîner à Velletri l'infant Frédéric, en lui offrant pour
épouse une Catherine qui portait le titre d'impératrice de Constantinople, comme petite-fille et seule héritière de Baudouin II, et
en dot avec elle un secours annuel de 10,000 onces d'or pour
l'aider à conquérir l'empire d'Orient, le merveilleux appeau.

(1) A peine quelques écrivains exclusivement pontificaux ont essayé de le
justifier. Nous ne comptons, parmi les sources historiques sérieuses. ni les pa-
négyristes de cour, ni les annalistes superstitieux, ni les libellistes de parti, dont
nous mentionnons parfois les textes avec scrupule, comme documents contemporains. On voudrait en vain apprécier des qualités intellectuelles ainsi appli-
quées, et retrouver dans l'autoploutocrate un rayon de l'idée primitive d'Hildebrand, sinon de la vraie papauté.

(2) *V.* à Philippe le Bel la longue lutte occasionnée par l'évêque de Pamiers
et les curieuses correspondances où les deux Majestés se traitent comme les
cochers verts et bleus du bas empire. La canonisation de saint Louis, dont
nous reportons le mérite au pontife, semble, dans la circonstance, un trait
ironique contre son héritier déchu.

Ce négociateur de mariages et de trahisons eut une fin terrible. La destinée lui suscita quatre flagellateurs : le chevalier de l'illustre famille, son antagoniste, deux Orsini de la famille de Nicolas III qui l'attend chez les démons, et l'envoyé de Philippe le Bel, son autre excommunié.

Un matin, avant le lever du soleil, une troupe armée, portant sur ses enseignes les lis et les aigles, pénètre dans Anagni, sa ville natale, d'où Gaëtan fulminait comme un Python. C'étaient des compagnies françaises et italiennes. L'alarme se répand aussitôt ; un rassemblement tumultueux se forme sur leur passage. Le représentant des États de France, pour éviter toute collision fâcheuse, explique sa mission purement judiciaire, dans l'intérêt de la paix entre les deux nations, dont les chefs unis commandent le détachement. Les soldats sous ses ordres ont été amenés par le pacificateur très-chrétien, Charles de Valois, le lieutenant du pape ; l'autre troupe avait pour chef le baron Arnulfi, seigneur de la campagne de Rome, et un banni patriote, illustre par sa maison et ses malheurs. Instruit du motif et des personnes, le groupe ameuté se calme ; les bourgeois rentrent paisiblement : l'affaire ne touche que l'autoploutocrate et les gros bonnets. Mais ses proches avertis font armer leurs gens et leurs affidés ; sur plusieurs points, des barricades sont élevées à la hâte, le combat s'engage ; les soldats, furieux de la résistance, brûlent une église et assiégent le palais pontifical. Son hôte souverain, s'y croyant invulnérable, écrivait les nouvelles sentences destinées à être placardées devant l'Église et lancées en Europe. Soudain des cris de mort retentissent sous ses fenêtres. Au bruit de ces clameurs et des coups qui ébranlent la porte, il pâlit. Alors, dit-on, le vieillard, revêtant les habits sacerdotaux, devant une si grande chute, reprit un instant sa dignité perdue ; assis sur son trône, la double couronne de pontife et de César sur la tête, la clef d'or d'une

BONIFACE VIII DANS ANAGNI.

Citation de Nogaret. — Insulte de Sciarra Colonna.

main, la croix de l'autre, comme les vieux sénateurs romains, il attend les barbares.

Deux hommes se présentent. Le premier lui exhibe un ordre de comparaître au concile de Lyon, convoqué par son maître, pour juger leur débat; c'est Nogaret. Son aïeul a été brûlé comme patarin par les missionnaires de Rome. Le second, c'est Colonna le proscrit, dont sa fureur abattit les tours; il a eu faim et soif. Il revient des chaînes des corsaires, dont l'a racheté le roi de France pour les venger tous deux. Quels acteurs et quel drame intraduisible ! On dit que, sommé d'obéir à l'injonction royale, s'il ne veut se voir traîné captif, le pontife répond en s'animant : « Prenez ma tête. Le rejeton d'une famille hérétique me devait le martyre. » On dit qu'irrité par ses sarcasmes, se ressouvenant de ce que les papistes avaient fait à sa famille, Sciara le soufflette avec son gantelet de fer; on dit enfin que les deux messagers, surpris par une lutte inattendue, soit trouble, soit pitié, se retirèrent devant la majesté du sacerdoce et des cheveux blancs. Gardé à vue par des sentinelles, et craignant le poison, il refusa pendant trois jours toute nourriture. Une pauvre femme lui offrit du pain et des œufs, qu'il accepta.

Cependant les soldats mercenaires, malgré la défense des chefs, avaient pillé l'église incendiée et le trésor papal. Indignés contre ces excès et ranimés par ses proches, les habitants accourent délivrer le pontife; ses incarcérateurs ont fui l'orage. Il expose en pleurant, sur la place publique, sa détresse et ses insultes; puis, se sentant libre, faiblement secondé, il excommunie la ville, impassible témoin du sacrilége. Haletant et presque frénétique, il s'enfuit à Rome, où il se réfugie chez les Orsini, anciens ennemis des Colonna. Il compte sur l'appui de la haine. Fol espoir! là encore, dès qu'il veut sortir, il se voit retenu prisonnier, en cage comme une bête fauve, soit trahison, soit qu'on veuille dérober au monde le spectacle de sa démence. Un vieux serviteur, son unique courtisan dans sa déchéance, l'exhorte à prendre courage et foi dans la miséricorde divine. Le digne homme ! Sans répondre, le captif s'enferme dans sa chambre. Le lendemain on le trouva mutilé sur son lit sanglant. On supposa qu'il s'était rongé le poing et brisé la tête contre les murs. Dante le compare maintenant, par la bouche de Hugues Capet, dans une allusion dernière, au Christ entre deux larrons (1). Il se trompe : c'est l'expiation du martyre de Célestin.

Le docte Ivigné, zélé catholique et avocat au parlement rouennais, dans son dictionnaire publié sous Louis XIII, à l'article Boniface, consigne son oraison funèbre, selon le langage du temps. « Il parvint au pontificat comme un renard ; il régna comme un lion, et creva comme un chien (2). » Ainsi l'avait prédit le moine prophète dans la tour Campanienne. Une enquête fut commencée sur ses actes pour retrancher son nom du livre des vicaires de Dieu. Bien longtemps après sa mort, Anagni, jadis riche et fortunée, maintenant pauvre et déserte, croyait toujours sentir son anathème (3). Le dictionnaire historique et géographique précité rapporte également cette tradition superstitieuse. Hélas ! de pareilles mémoires ne font pas seulement croître la ronce et la ruine dans les villes.

L'élu suivant, Benoît X, fils d'un berger, second pape de l'ordre des Frères Prêcheurs, retire les bulles imprécatoires ; il

(1) *Purg.*, ch. xx. Dante ici, reconnaissons-le, considère impartialement la qualité spirituelle du vieillard outragé, et retourne d'ailleurs avec plaisir contre les envoyés du Capétien son animadversion, dont nous examinerons mieux tous les motifs.

(2) C'est, sans nul doute, un des mâle-griffes personnifiés sous le renard qui ronge l'arbre saint, dans la vision du char apocalyptique, où apparaît, en courtisane, son successeur, Clément V. (Voy. sa biogr. ci-après.)

(3) Frère François Pépin, dans sa chronique, raconte qu'une figure de la Vierge, en marbre blanc, placée sur le tombeau du pontife, fut trouvée noire le lendemain, et qu'on ne put jamais lui faire reprendre sa première couleur.

veut encore pacifier l'Italie sanglante et rassembler sous sa hou-
lette son troupeau divisé. Sa mère, paysanne des vallons trévi-
sans, était accourue le visiter en habits superbes; il refusa de la
reconnaître jusqu'à ce qu'elle eût repris ses anciens vêtements.
O historiographes romains, vous n'avez pas inscrit ce trait-là en
lettres d'or. Mais tout à coup il s'éclipse, comme poussé par une
ombre vers la route inverse, et il va rejoindre Pierre Morone.
Voici en quels termes le pieux Baillet raconte sa mort presque
subite. « Tandis qu'il était à table, à Pérouse, où il résidait, vint
un jeune homme déguisé en fille, se disant tourière des religieuses
de Sainte-Pétronille, tenant un bassin d'argent plein de belles
figues qu'il présenta au pape de la part de l'abbesse, sa dévote.
Le pape les reçut avec un grand plaisir, parce qu'il en mangeait
volontiers. Comme ces figues venaient d'une personne de connaissance, il ne les fit point essayer, et il en avala plusieurs;
aussitôt il tomba malade et mourut peu après. » Le procès du
vaincu d'Anagni ameutait autour de lui les passions inassoupies;
c'était l'ombre qui troubla sa fin.

CLÉMENT V (Bertrand de Got). Espèce de Belphégor mitré, premier pontife de la scission avignonaise. Né d'une famille noble, dans le diocèse de Bordeaux, dont il devint archevêque, il fut élu l'an 1305, et ironiquement salué d'avance là-bas, nous l'avons remarqué, par le chef des Oursins, comme son troisième compagnon futur. Les flèches inépuisables volent droit aux velches gascons, « *in vesta di pastor, lupi rapaci,* loups rapaces sous l'habit du pasteur (1). » Digne successeur de Boniface, dans une voie analogue, il représente particulièrement la papauté corrompue, la prostituée s'accouplant au géant féroce qui l'embrasse et la fouette tour à tour, c'est-à-dire à Philippe le Bel (2).

En effet, son alliance intime avec ce prince, malgré leurs différents antérieurs, fut occultement scellée dans son élection. Leur précédente inimitié ne servit qu'à lui procurer les votes des partis adverses, et la puissante faction des Colonna, dont cette alliance assurait la réintégration dans le conclave, l'avait fait porter sur la liste des trois candidats éligibles. Le monarque prévenu partit sur-le-champ pour la Gascogne, et lui donna rendez-vous dans une abbaye située au milieu d'une forêt, près de Saint-Jean-d'Angely. Là, il fit connaître à l'archevêque les six principales conditions auxquelles il pouvait lui garantir la victoire sur ses deux rivaux, notamment la réhabilitation solennelle et l'abolition de la mémoire du vaincu d'Anagni : une septième condition, également prescrite, devait être révélée plus tard. Bertrand de Got jura tout, après quoi, les deux majestés communièrent pour consacrer leur pacte. L'archevêque célébrait l'office divin et présenta l'hostie au monarque. Je ne sais trop quelle espèce d'ange y présida. Le pacte s'exécuta fidèlement d'une et d'autre part.

Le nouveau pape inaugura son règne à Lyon. Des incidents de mauvais augure y marquèrent son couronnement : un échafaud,

______

(1) *Parad.* xxvii.

(2)
> *Seder sovr' esso una puttana sciolta*
> *M'apparve con le ciglia intorno pronte.*
>
> . . . .
>
> *Vidi di costa a lei dritto un gigante,*
> *E baciavansi insieme alcuna volta :*

Une courtisane débraillée vint s'asseoir sur le char, — et m'apparut, roulant alentour des regards effrontés... — Je vis debout, à côté d'elle, un géant, — et l'un l'autre ils s'embrassaient parfois. (*Purg.* xxxii.) — Voyez la description de la prostituée dans l'*Apocalypse*, chap. xvii.

qui croula au moment de son passage, tua grand nombre de personnes; son cheval le renversa, et il perdit une de ses pierreries: tristes pronostics, disait-on. En choisissant Avignon pour son siége, il proclamait sa métamorphose et son haut vasselage. Quoique la Provence dépendit alors de la couronne napolitaine, par une concession récente toute gracieuse, les Angevins étaient eux-mêmes des vice-rois français. Cette transaction qui découronnait la ville éternelle de sa plus éclatante immunité, fut appelée par les Italiens la *Captivité de Babylone*. Leur poëte n'a pas assez de larmes et d'imprécations contre son scandaleux adultère et son auteur. N'est-ce pas « *le Gascon* qui a trompé le magnanime Henri (1), » le régénérateur prédestiné, en le faisant sacrer à Rome par ses délégués, malgré sa promesse formelle de présider la cérémonie? Sa tactique insidieuse livra ainsi le jeune César, perdu dans les champs orageux de l'empire italique, aux pierres des rebelles et au poison d'un moine. Exil expiatoire dont la justice divine annonce la fin prochaine : « Encore un peu de temps, ô mes sœurs chéries, et vous ne me verrez plus, » soupire la diva Béatrice à ses nymphes, comme autrefois le Christ à ses disciples : « Encore un peu de temps et vous me reverrez (2). »

Pleure, ô poëte! soupire, ô sainte femme! la Babylone du Rhône valait bien celle du Tibre. J'admire profondément les grandeurs tumulaires, les prédestinations impériales, les pro-

---

(1)   *Che'l guasco l'alto arrigo inganni....*   *Par.* ch. xvii.

E fia Prefetto nel foro divino
Allora tal, che palese e coverto
Non anderà con lui per un cammino.

Alors commandera au forum divin. — Un homme lancé ouvertement et en secret — sur une voie opposée à la sienne.   *Par.*, ch. xxx.

(2) *Purg.*, ch. xxxiii. Ces paroles mystiques, prononcées par le Christ à ses apôtres, exprimaient ici l'éloignement passager de la papauté transférée dans Avignon, avec toutes ses prérogatives, et l'annonce de son prochain retour vers Rome et la véritable doctrine. *Tosto libera fien dell' adultero.* (*Par.*ch. ix.)

phéties nouvelles et antiques mises en beaux vers par Virgile;
mais, sans compter la Maremne, n'y avait-il pas de bonnes
raisons pour désirer un terrain neuf à la crèche régénératrice?
Les pontifes, comme déjà Célestin V, ne pouvaient-ils très-
innocemment vouloir se soustraire aux griffes des cardinaux,
à toutes ces dissensions furieuses, à toutes les épidémies plus ou
moins naturelles flottantes autour du palais de Latran. Cette
translation était, à vrai dire, la conséquence invincible de l'idée
ou de la politique française, implantée progressivement sur le
trône papal.

Par malheur, le Gascon ne rappelait en rien Sylvestre ni Grégoire. Au lieu d'être une réforme, suivant son chef primitif,
une protestation opportune contre la corruption romaine, elle la
transplantait tout simplement sur la terre provençale encore
sanglante et désolée (1). Au bûcher des Albigeois, succéda celui
des templiers. On sait que le bâton pastoral s'unit au glaive
temporel pour les détruire; c'était probablement la condition
occulte jurée dans l'abbaye. Un instant plein de doutes, ému par
la douloureuse clameur des cachots, terrifié par la pente qui
l'entraînait, Clément voulut reculer; il tenta de fuir le royaume
où l'enlaçait son royal hôte. La garde de Poitiers arrêta respec-
tueusement le fugitif. Les charriots de richesses, qu'il tenait à
sauver avec son âme, avaient trahi le prince romain. Il se résigna
au sacrifice; les deux alliés se partagèrent les dépouilles fumantes.
Nous n'essayerons pas de narrer ni d'expliquer ici l'exécution
dont un autre fut le véritable ordonnateur. Les conciles se divi-
saient comme les opinions : celui de Vienne déclarait les chevaliers coupables, et celui d'Aragon, tout en accordant au pape

(1) Pour apaiser les plaintes générales, il rendit le dérisoire décret suivant :
« Défense aux clercs d'exercer les métiers de boucher et de cabaretier, de paraître
en public avec des habits rayés ou mi-partie de deux couleurs, de porter des
manteaux courts et des chaussures découpées en rouge ou en vert. »

le droit de statuer sur leurs biens, les déclarait innocents.

Quels que fussent les condamnés, la procédure et le supplice, dirigés par l'inquisition et sanctionnés par un vicaire du Christ, parurent odieux. Si la translation du saint Siége en France irrita Rome et l'Italie, ce grand auto-da-fé souleva l'Europe, dont les plus nobles familles y comptaient des membres. Dante n'ose y faire une allusion directe; mais il adopte, avec un culte visible, le nom du Temple pour désigner la société chrétienne, l'Église élue dont il est membre. Il frappe directement le pasteur vénal et le Pilate, son complice, dans l'apostrophe contre les acheteurs et les vendeurs du temple, cimenté par les miracles et le sang des martyrs.

« O milice du ciel, offerte à mes yeux, s'écrie-t-il, adore pour ceux qui sont sur la terre, tous déviés par le mauvais exemple.

« Jadis on faisait la guerre avec l'épée; maintenant on la fait en ôtant ici et là le pain, dont le père charitable ne prive personne.

« Et toi qui écris seulement pour raturer, songes-y, Pierre et Paul, expirés pour la vigne aujourd'hui flétrie, sont encore vivants là-haut (1). »

Triple allusion aux confiscations et aux exactions du pontife, aux anathèmes et aux censures qu'il lançait pour en vendre le retrait. Déjà, hélas! avec un lamentable cri, *la guerre par la faim* se joignait à celle des éléments destructeurs. Les doctes scoliastes, accoutumés à chercher d'autres beautés et d'autres traditions, ne l'y ont pas entendue retentir. N'oublions pas, nous, de signaler la touchante invocation du poëte contre elle au père nourricier. L'exclusion du pain et de l'eau, vieille formule judaïco-païenne, con-

---

(1) *O milizia del ciel, cu'io contemplo,*   *Già si solea con le spade far guerra!*
    Adora per color che sono in terra   *Ma or si fa togliando or qui or quivi*
    Tutti sviati dietro al malo esemplo.   *Lo pan che il pio padre a nessun serra:*

    Ma tu che sol per cancellare scrivi,
    Pensa che Pietro et Paolo, che moriro
    Per la vigna che guasti, ancor son vivi.   *Par.,* ch. XVIII.

servée dans la doctrine catholique, appelée plus tard la révoca-
tion des emplois ou l'exclusion du travail, assombrissait partout la
guerre des hérésies, comme la lutte de l'empire. Clément V ne
poursuivit pas moins impitoyablement pour sa propre foi les fratricelles et les dulcinistes(1), rameaux des sectes vaudoises répandus
dans la Gaule Narbonnaise, le Novarais et la Sicile. Maintes ombres
mutilées comparaîtront, pour l'accuser, au rendez-vous que Jacques Molay lui donna là-haut devant le tribunal suprême, et son
prédécesseur là-bas sous les pierres brûlantes. La miséricorde
infinie peut seule le sauver; priez pour lui, Célestin, et vous,
angéliques Théodies transfigurées par Giotto, son hôte, jusqu'à
sa mort (2)!

Le pape d'Avignon, par un côté plus spécial, complète la triade
ploutonienne. Il y ajouta un scandale épargné depuis Gregoire VII,
dont la discipline sévère avait du moins épuré les mœurs pontificales, si elle exaltait les ambitions. Son néfaste prédécesseur
même dérobait ses mœurs relâchées. Mais lui, ses amours avec la
comtesse de Périgord s'étalaient dans la douce Provence, parmi les
deuils des victimes, aux lueurs lointaines des auto-da-fés. La belle
comtesse était fille des nobles comtes de Foix, les combattants
hérétiques de la veille... Quelle double honte et quel sujet pour
les sirventes, si la tristesse n'eût rendu la plupart des troubadours muets !... Devançant Pétrarque, l'évêque Durandi osait
nommer tout haut sa nouvelle cour romanisée *le royaume des démons et le repaire des satyres.* N'est-ce point là trop véridiquement
la papauté courtisane, assise, les regards errants et la robe dé-

(1) Fra Dolcino, chef des seconds, nommé au ch. xxviii de *l'Enfer,* fut brûlé
l'an 1307, dans les monts de Novare, avec sa Marguerite et de nombreux disciples, comme Jean de Parme, l'apôtre des premiers, l'avait déjà été, l'an 1258,
sous Alexandre IV. (*Voyez* leurs biographies, livres suivants.)
(2) On sait que l'éminent artiste, appelé par lui en Provence, exécuta dans le
palais pontifical plusieurs compositions religieuses.

nouée (*sciolta*), sur le char à sept têtes. L'éternel rieur, sans voiles ni scrupules, l'a décrite dans ses trop fidèles visions gomorrhéennes. Au lieu des radieuses nymphes étoiles, elle aura les filles de Cythère pour suivantes, pour échansons : « Belles, je vous affie, saffrettes, blondettes, doucettes et de bonne grâce, lesquelles vestues de longues, blanches et déliées aulbes à doubles ceinctures, sont, le chef ouvert, les cheveux instrophiés de petites bandelettes et rubans de saye violette, semés de roses, œillets, marjolaine, aneth, aurande et autres fleurs odorantes (1). »

Clément rouvre ainsi la série adultère, couronnée au xvi⁰ siècle par un Borgia. Enfin il s'attribue le premier, sur le clergé anglosaxon, la première année de tous les revenus ecclésiastiques, ce que Fleury considère comme l'origine des annates, et nous comme un nouveau pas vers la scission anglicane. Il laissa, par de semblables moyens, des richesses immenses à ses neveux, à l'Église les institutions assez singulières appelées *Clémentines;* il orna la tiare d'une troisième couronne, en même temps qu'il y attacha trois péchés capitaux : ambition servile, avarice et luxure. Les statues magiques ont disparu, avec la clef des souterrains où se cachent de splendides trésors ; pour remplir leurs coffres, les successeurs de l'Apôtre commettent tous les trafics profanateurs qu'ils défendaient aux monarques et condamnés par les conciles. Les dîmes papales se confondent dans leurs mains avec les taxes régaliennes, *en vertu de leur double nature.* Elles devraient soutenir les pauvres, non des parents ni d'autres plus hideux, dit *la Commedia* (2). Les pompes de l'ange maudit environnent saint Pierre.

Que dis-je ? un autre historien grave (3), complétant le satiriste,

____

(1) Rabelais, *le Pentagruel,* liv. IV, chap. LI.

(2) *Non di parente, né d'altro più brutto.* (Parad., ch. XXII.)

(3) S. Villani, guelfe, comme on sait. Il dit d'ailleurs que ces pillages, à la mort des papes et des évêques, dataient d'anciennes coutumes singulières.

nous montre le pape mort, oublié sur son lit funèbre, pendant que les mignons, les mascarilles et les saffrettes se disputent ses dépouilles, les diamants et les calices d'or fin : scènes dignes d'un pinceau aristophanesque, et, tellement la fièvre de Plutus fut âpre, on ne laissa pour linceul au vicaire suprême, hélas ! qu'un manteau de voyage, bientôt à demi consumé par la flamme d'un cierge. Douloureux Calvaire, Calvaire de la dégradation où la papauté déchue traînait avec elle la religion du Christ.

UN FOU AU XIVᵉ SIÈCLE.

JEAN XXII. (Jacques d'Eusse ou d'Ossa.) — Les jours prédits par Hildegarde sont proches. Nous avons maintenant deux villes papales, Rome et Avignon, deux dynasties de papes en concurrence, dualisme discordant terminé un siècle après par une effroyable trilogie. Jacques d'Ossa, dit Jean XXII, second élu de la métropole provençale, ferme la période et la liste dantesque. Il naquit à Cahors, ville assimilée dans l'*Enfer* à Sodôme, parce que les usuriers y tenaient leur repaire (1). Une vacance précède encore son avénement. Pauvres électeurs d'écarlate ! agités comme un meeting à chaque réélection, les voilà plus divisés et aussi déchus que le sénat des derniers Césars. A la suite d'une querelle survenue entre leurs gens italiens et les Avignonnais, une émeute a failli les effondrer. Lyon, où leur conclave fugitif n'osait se réunir, a récemment salué leurs prédécesseurs à coups de pierre ; une quarantaine en claustration à Carpentras ne suffit pas pour les accorder. Le Jérémie toscan, réfugié à Pise, vainement les adjure, dans une ardente épître, de finir *le long veuvage* et de ranimer la grande Église primitive. Un ordre du roi de France les rassemble derechef. Alors, comme les votes ne produisaient que des minorités antagonistes, l'évêque de Porto, chargé par ses collégues de choisir le plus digne, revêtit la cape rouge, et se désignant lui-même, prononça sans opposition le fameux : *Ego sum papa !*

C'était, on en juge, un homme d'esprit et de science, médecin

(1) *Del suo segno e Sodoma e Caorsa.* (Cercle de l'usure, *Enf.*, ch. xi-xvii).

et légiste, ancien chancelier de Robert II, le prince angevin, fait cardinal d'Ossa pour ses utiles services, par dessus tout archivelche et ploutocrate pour son propre compte. Aussi, dans sa double satire au 27ᵉ chant du *Paradis*, le poëte accouple, par la bouche de saint Pierre, les Cahorsites avec les Gascons (1), et les chroniqueurs (2) qui prêtent au nouveau Jacques, *ter coronatus*, l'enfance de Gil Blas ou de Figaro, commentent singulièrement le gibelin.

Son génie souple eut à s'exercer dès le début. Pressé par les cardinaux de retourner à Rome, suivant les lois canoniques, rappelé impérieusement par les Romains qu'irritait la perte des immunités et bénéfices attachés à la cour papale, entouré par les combustions d'une moitié de l'Europe sans chef impérial, l'élu a besoin de tous ses stratagêmes et de toutes ses audaces pour maintenir sa suprématie; car il ne voulait pas non plus échanger le doux ciel roman, sa Rome française, contre les rues émeutières et les maremnes de la ville éternelle. Peu lui importent les menaces respectueuses adressées par le gouvernement municipal, constitué là-bas avec Sciarra Colonna; Gascons et Cahorsites sont jumeaux. Les mêmes chroniques racontent que, pour hâter son intronisation, il avait d'abord promis aux cardinaux italiens de rétablir le siége apostolique dans son auguste résidence. Il jura, comme Clément, sur l'hostie, de ne monter jusque-là

----

(1)
> *Del sangue nostro Caorsini e Guaschi*
> *S'apparcchian di bere; ò buon principio,*
> *A che vil fine convien che tu caschi !*

Les Gascons et les Cahorsites s'apprêtent à boire notre sang; ò bon principe, à quelle fin honteuse tu déchois !   *Par.*, ch. xxvii.

(2) Suivant eux, fils d'un chaussetier ambulant, ce pontife, né dans l'échoppe foraine, commença sa carrière par l'emploi de marmiton chez le métropolitain d'Arles, où ses saillies l'ayant fait remarquer, il passa de la cuisine dans l'antichambre; puis, clerc instruit dans le droit canon, il obtint l'évêché de Fréjus, remplaça son ancien protecteur à la cour, et suivit dès lors la grande avenue de la fortune. Mais, différent du petit chaussetier champenois, comme plusieurs autres, il ne se rappela plus son origine, une fois là-haut.

cheval ni mule ; donc, il fit, dans un bateau magnifiquement pavoisé, le voyage de Lyon à Avignon, et en touchant la terre, il monta sur un âne pour se rendre à son palais provençal. Par cette ruse, il avait tenu son serment, sinon contenté le sacré collége.

La guerre italico-allemande joue avec lui son épilogue. Les électeurs palatins, également divisés, ont élu sans le consulter, partie Louis de Vitelsbak, le candidat de la majorité germanique, et partie Frédéric de Hapsbourg, uni par alliance au roi de Naples. Louis de Bavière l'emporte, les armes à la main, sur son rival ; mais Jean XXII ne le reconnaît pas pour empereur. Louis ne le reconnaît plus pour pape ; selon la symbolique usuelle, il l'appelle loup, antichrist, Satan, dans un long manifeste placardé à Rome, et y fait sacrer en sa place le cordelier Ramuche de Cerbera, dit Nicolas V, qui le sacre à son tour. La nombreuse armée de sa confrérie soutient le pape romain, avec tout le Latium ; une double puissance, dragon à deux têtes, s'installe dans le Vatican et le Capitole : un antipape et un empereur.

Le grotesque vient toujours se mêler au duel de sang. Le moine Ramuche, marié dans sa jeunesse à une dame fort peu chaste, avait fait casser depuis quarante ans son mariage pour prendre le froc. Mais le Cahorsite est maître en jurisprudence. Ses amis vont trouver la vieille femme divorcée et l'excitent à revendiquer son droit d'épouse. Le procès s'engage au bruit des rires universels; un arrêt en forme condamne le cordelier Ramuche à reprendre sa vénérable dulcinée conjugale. Le pape d'Avignon, dont les bandes Calabroises, introduites par ses partisans, escaladent les sept collines, envoie à tous les souverains le jugement rendu contre le pape de Rome. Le ridicule a tué le malheureux, déjà vaincu par son fardeau; n'était-ce point assez ? Emmené, la corde au cou, devant son cruel adversaire, il est plongé dans un cachot. Le canoniste devient Burgund.

L'empereur, lui, est mis au ban; guerre et massacre. On

proclame indulgence plénière « *pour tous ceux qui se croiseront pendant une année sous les enseignes de l'Église.* » Les esprits révoltés s'insurgent de toutes parts contre la théocratie. Une bouillante phalange défend l'excommunié qui se bastionne en Allemagne, où il sera déposé plus tard pour ses propres défaillances. Ulric de Gœttingue, son secrétaire et disciple de Dante, emprunte des armes à *la Monarchia*, qui devient le plaidoyer public de la cause impériale. Marsile de Padoue, le savant jurisconsulte, notre recteur universitaire, et le théologien Jean de Gand, son ami, puis le célèbre Bartole, fondant le droit civil en face du droit canon, écrivent des manifestes acérés (1) contre l'ennemi commun et formulent des axiômes impénétrables aux anathèmes.

« Au nom de nos frères, disait le second à Louis, réprime le monstre (le papisme) ; protége-nous contre ses ministres qui dévorent, dans une mollesse impure, la substance des peuples laborieux. » L'axe intellectuel a tourné. L'empire, quoique chancelant sur sa base, est invoqué comme un palladium par tous les penseurs, par tous les persécutés. La multitude siffle et chasse plusieurs fois, dans Rome veuve et en plusieurs lieux, les Guelfes ou papistes. Sans rien voir, l'aveugle pontife poursuit, chemin faisant, l'extermination des fratricelles (2), et secoue le feu dans l'Italie comme dans l'Allemagne, où le mouvement réformiste, dont sortiront Rienzi et le moine de Wartbourg, semble se relier par d'invisibles anneaux. Comme Innocent III, il ne peut exterminer les principes qui entreront à la diète de Constance et de Worms, avec leurs queues fatales.

Ces principes, personnifiés dans les partis et les sectes, nous ne les discutons pas ; les faits et les textes, nos témoins authentiques, les éclairent suffffisamment jusqu'au bout. Le poëte

(1) *Defensor pacis, de potestate ecclesiasticâ, de guelphis et gibelinis.*
(2) Les fratricelles ou *frères de la pauvre vie* se déclaraient orthodoxes, comme *les frères mineurs,* et autorisés par une charte de Célestin V.

proscrit, qui chante et combat pour leur solution favorable avec l'ardeur d'un apôtre, en subit les terribles stigmates. Si le règne de Boniface a vu son ostracisme et l'incendie de Florence, le pontificat actuel verra un légat, le cardinal del Pogetto, redemander ses ossements anathématisés dans l'ombre de l'exil, pour les livrer aux flammes et au vent. En effet, son manifeste politique mis à l'index, *la Monarchia*, aussi bien que son épopée religieuse et presque tous ses écrits, notés par les inquisiteurs (1), contiennent les protestations et certaines doctrines reprochées à tous les frères de la *pauvre vie*, à tous les adeptes de la réforme souhaitée. Un passage puisé entre mille, dans une épître admonestive adressée par Jean XXII au nouveau monarque, Philippe le Long, montre plus nettement la situation peu connue jusqu'à présent.

« Nous défendons également à votre université de Paris de s'occuper de questions philosophiques, et d'éviter surtout les dissertations sur les erreurs du moine Roger Bacon, d'Albert, de Raymond et de tous les alchimistes ou physiciens; nous ne voulons pas davantage qu'ils engagent des discussions sur les doctrines de Jean Scott, de Dante Alighieri, d'Arnaud de Villeneuve et d'autres docteurs qui ont essayé de détruire la théocratie romaine. »

Quelle révélation sur l'époque et sur son chantre ! Mais ce ne sont pas seulement les philosophes, les poëtes, les hérétiques et les ennemis qui se révoltent contre le dogme papal, substitué au dogme évangélique. Ses fils les plus orthodoxes, ses propres serviteurs dévoués, Michel de Cesène, général des franciscains, le reli-

(1) Nous n'avons pas besoin de rappeler qu'une instruction secrète fut commencée par les inquisiteurs florentins contre les ouvrages de Dante, pendant son dernier séjour à Ravenne, entre 1319 et 1321. Sur la question de l'Eglise pauvre et de la théocratie par exemple, il partageait incontestablement, nos citations le prouvent, mais avec de saints docteurs, les opinions des fratricelles et d'autres hérétiques, sans adopter pour cela toutes leurs thèses divergentes. (Voir notre biographie du poëte et les liv. postérieurs.)

gieux Ockam, sont tour à tour obligés de se lever pour défendre les traditions saintes, travesties au gré de l'omnipotence théocratique, et les frères prêcheurs eux-mêmes, ameutés contre les frères mineurs : « Il y a deux églises, s'écriaient les voix dissidentes ; l'une chaste, frugale, charitable, conforme à son divin modèle et à ses apôtres, car ils naquirent et moururent pauvres, riches uniquement en vertus pour l'enseignement des siècles futurs ; l'autre, charnelle, corrompue, souillée de luxe et de vices, arrogante et sans miséricorde, continuant le passé dans ses idolâtries perverses. » Les uns peignaient le Christ crucifié, pâle et nu, sous la couronne d'épines ; les autres le représentaient, dans des images liturgiques, vêtu d'une robe de pourpre, avec un diadème de pierreries... c'est-à-dire en pape-empereur.

Chose magnifiquement instructive ! Devenu vieux et visionnaire, Jean XXII émet des doctrines taxées d'hérésie sur l'état des âmes dans l'autre monde. Notre docte université les interdit dans celui-ci, et, sur son éloquent rapport, le roi Philippe le Long, roi très-chrétien, pour terminer la querelle assourdissante, le menaça, comme il avait menacé les rois (1), *de le faire ardre* à son tour, lui, pape, *s'il ne se rétractait*, lui qui faisait brûler les autres. Heureusement le vieillard se rétracta au lit de mort, où il s'endormit nonagénaire en 1334. Son ploutocratisme, satirisé trop justement, se montra ingénieux en ressources. Il institua, entre autres, les taxes de la chancellerie romaine, tribut effroyable établi sur chaque péché, depuis la fornication jusqu'au meurtre (2). C'est l'échelle infernale cotée à tant le mètre pour la caisse de saint Pierre.

Outre divers ouvrages médicaux et canoniques, le Cahorsite

(1) Dans un article du traité qu'il publia, sous le nom de son pénitencier, Alvare Pélage, pour la défense de la religion et du pouvoir papal.

(2) Nous n'oserions citer ce Code sans nom, dont voici la formule accoutumée : « La femme adultère, qui demande l'absolution pour être à l'abri de toute poursuite, payera au pape 87 livres 3 sols. (*Voyez* l'Appendice général).

laissa les constitutions sérieusement appelées *Extravagantes* et données pour sœurs aux *Clémentines*; l'une prescrit la dîme ecclésiastique à prélever sur le vin. Toutes deux font partie de ces décrétales contre lesquelles l'auteur de *la Divina commedia* tonne si fort. « Pour la fleur maudite (1), on délaisse l'Évangile et les grands docteurs, et l'on étudie seulement les décrétales, comme le témoignent leurs marges. — Le pape et les cardinaux s'appliquent à leur intelligence, et ne songent guère à Nazareth où Gabriel étendit les ailes. » Ainsi disent les tercets sacrés dans l'*Etoile de Vénus*. L'impitoyable railleur du xvi⁵ siècle, carillonnant par là-dessus, après avoir ouï les *Clérices parfumées* chanter mélodieusement une épode à la louange des sacro-saintes, boit un grand hanap de *vin extravagant,* et entonne à son tour le glorieux chant que voici :

« O chérubiques Clémentines, comment en vous est proprement contenue et descripte la parfaite institution du vrai christian. O extravagantes angéliques, comment sans vous périraient les pauvres âmes, lesquelles ici-bas errent dans des corps mortels, en cette vallée de misère! Hélas! quand sera-ce le don de grâce particulière faict ès humains, qu'ils se désistent de toutes aultres études et négoces pour vous lire, vous entendre, vous savoir et vous user, practiquer, sanguifier, etc?... O lors, et non plus tôt, ne aultrement, heureux le monde! .... O lors abondance de tous biens en terre! ô lors paix obstinée, infrangible en l'univers! cessation de guerres, pilleries, briganderies, assassinements :

(1) *Il maladetto fiore,* la fleur de lis, gravée sur la monnaie de Florence, appelée de là : florin.

Per questo l'Evangelio e i dottor magni   *A questo intende il papa e i cardinali,*
Son derelitti, e solo ai decretali   *Non vanno i lor pensieri a nazzarette,*
Si studia si, che pare a' lor vivagni.   *Là dove Gabbriello aperse l'ali.*

                 Par., ch. ix.

Lorsque *la Divina Commedia* s'y introduisit, en 1614, ces tercets, mis à l'index par l'inquisition d'Espagne, y furent supprimés dans toutes les éditions.

excepté contre les hérétiques et rebelles maudicts (1) ! »

Ah ! ne rions pas, malgré la verve rabelaisienne ; méditons et pleurons plutôt, car voici les funérailles dont parlait la voix douloureuse au conclave provençal (2). Une foi rédemptrice, crucifiée par ses propres gardiens, agonisait, avec un monde entier, dans les crises convulsives, dont nous souffrons toujours, en tendant les bras vers l'avenir. Le pieux Conrad, abbé d'Usberg, avait dès lors stigmatisé la théoploutocratie dans un style plus sombre, effrayant commentaire aux tercets dantesques et prélude à d'autres cataclysmes.

« O Vatican ! réjouis-toi maintenant ; tous les trésors te sont ouverts ; tu peux y puiser à pleines mains. Les iniquités forment tes richesses ; pousse à la débauche, excite au viol, à l'inceste, au paricide même, car plus le crime est grand, plus il te rapportera de livres d'or.

» Réjouis-toi ! entonne des cantiques d'allégresse ! c'est maintenant que le genre humain est asservi à tes lois. Les enfants des hommes peuvent impunément commettre tous les crimes ; maintenant ils savent que tu les absoudras pour un peu d'or.

» De l'or ! pourvu qu'on t'apporte de l'or, qu'il soit souillé de sang ou de luxure, tu ouvriras le royaume des cieux aux débauchés, aux sacriléges, aux assassins, aux parricides ; que dis-je ! tu leur vendrais Dieu pour de l'or. »

Tels étaient les échos qui, vers le déclin de l'ère grégorienne, se mêlaient aux cantiques et aux malédictions. Ce règne scissionnaire, outre la vision béatifique, vit éclore la mémorable question intitulée le *pain des Cordeliers*. Il s'agissait de savoir si les

(1) Rabelais, *le Pantag.*, liv. IV, ch. LI. — Plaçons en regard ce que disait la *Monarchia*, au XIVᵉ siècle, sur le même sujet, liv. III, ch. III. « N'ayant ni le savoir, ni l'expérience de toute théologie et philosophie, ils (les décrétalistes) s'appuient uniquement sur leurs décrétales, certainement très-vénérables (mais non supérieures à l'Evangile)... J'ai entendu l'un d'eux affirmer *impudemment* que les traditions de l'Eglise sont le fondement de la foi »..... Les *Clémentines* et les *Extravagantes* n'avaient pas encore vu le jour.

(2) *Una sola vox pia in matris. Eccles. quasi funere audiatur.* Lett. de Dante.

frères mineurs et mendiants avaient la propriété des choses données dont ils se servaient, si par exemple leur pain, à l'heure où
ils le mangeaient, leur appartenait ou bien au pape ou à l'Église.
Puis les controverses subséquentes sur les couleurs et la forme
de leurs habits. On alluma encore quelques bûchers à ce propos,
comme on se damnait autrefois pour d'égales subtilités dans le
Bas-Empire. Tout le monde avait plus ou moins bu le vin extravagant versé par les vierges folles ; des expiations générales se
préparaient invisiblement : Jean XXII conduisait à Jean XXIII,
comme son prédécesseur au sinistre Alexandre VI. On trouva dans
ses coffres 18 millions de monnaie d'or et 7 millions de diamants
ou joyaux. En regardant bien au fond, l'on y aurait aperçu trois
effigies sur bronze : Jean Huss, Savonarole, Luther. Puis, leur
dernier terme apocalyptique, une date flamboyante, LA RÉVOLU-
TION FRANÇAISE. Que le vieux Dante élargisse ses cercles !

Mais notre *Vates* a cessé de chanter ; mort treize années avant
ce pontife, il n'a pu le désigner que dans les intercalations de son
travail final. Il a entrevu sur sa couche funèbre les tempêtes
amoncelées et son aigle foudroyé par le nouveau dieu capitolin.
Hélas ! l'urne sainte où il repose expatrié à Ravenne, sous la garde
des franciscains et de l'éternité, ne le protége point lui-même
assez. L'anathème, lancé de Bologne contre le monarchiste pu-
ritain, rugit jusque sur son sépulcre et menace de l'en arracher.
Arrière, légat sacrilége ! oses-tu évoquer contre ce croyant l'in-
fâme coutume de la catholicité barbare, qu'un peuple furieux retourna dans Saint-Denis contre les *ossa sacra*. Arrière ! pas lu
du moins. Les pontifes suivants l'ont absous. Saint Pierre martyr
et saint Léon le Grand, priez pour nous et pour eux... Passons
sons aux biographies impériales, aux dynasties temporelles, et
envisageons l'autre côté de la médaille.

FIN DES PAPES DE LA TROISIÈME PÉRIODE.

APPENDICE GÉNÉRAL

SUPPLÉMENT AUX BIOGRAPHIES DES PAPES.

Une note du volume de *la Renaissance* de M. Michelet, cité dans notre introduction, rapporte que l'honorable historien a trouvé deux lettres manuscrites authentiques d'Innocent III, où ce pontife se montre beaucoup moins compatissant, à l'égard des victimes des excès de la croisade, que ne le ferait supposer l'indulgente chronique albigeoise (Trésor des Chartes). Un article fortuit de M. L. Jourdan me fournit à l'improviste, par contre, un détail prouvant que le docte pape conservait néanmoins certaines grandes et libérales traditions, oblitérées plus tard dans l'Eglise théocratique. Voici ce passage : « Le peuple des fidèles et les simples clercs sont étrangement mis en oubli aujourd'hui; mais l'Eglise primitive en faisait grand cas. Innocent Ier, dans une de ses épîtres, déclare que « il faut le consentement des peuples à tout ce qui se fait dans les mystères. » Selon Innocent III, « ce ne sont pas les prêtres seulement, mais tous les fidèles qui offrent le sacrifice. » (*Siècle*, 3 septembre 1856.) Telles étaient en effet les traditions de la *Respublica Ecclesiastica* pastorale que nous aurons à examiner. *Voyez* ultérieurement les papes du *Paradis*. Eglise primitive, l'apostolique et l'épiscopale, 1re et 2e période.

En revanche, nous consignerons sans réserve la note ci-dessous du même volume, et quoiqu'elle corrobore, avec toutes les pièces historiques, nos propres assertions, nous préférerions rencontrer un démenti imprévu à de tristes vérités. Les archives du Vatican, dont M. Michelet a compulsé les cartons en 1851, lui ont offert la statistique d'une curieuse église; les finances y remplissent presque tout. C'est l'histoire moins du pontificat que d'une maison de commerce. « J'y vois, ajoute-t-il, que les exactions de Jean XXII avaient réduit l'archevêque de Lyon à la mendicité; il dit qu'il s'estimerait heureux de conserver l'habit avec la vie, comme le plus pauvre moine. » (Extr. des cartons 376-378). Ces cartons comprennent évidemment le pontificat de la fin de notre période grégorienne, et ne commentent pas moins la *Divina Commedia*.

Notons ceci encore. C'est sous Jean XXII, dans la même recrudescence inquisitoriale, que fut brûlé à Florence, l'année 1327, Cecco d'Ascoli, célèbre professeur de Bologne, pour des opinions astrologiques avancées dans son poëme de l'*Acerba*. Au siècle précédent déjà, le recteur de notre université que glorifie le *Paradis*, Siger de Brabant, s'était vu citer devant le tribunal du saint office établi à Saint-Quentin, pour son enseignement hétérodoxe. De tels rapprochements suffiraient pour établir combien Dante, le condamné de Gabrielli, a doublement rasé le bûcher de près, si nous n'avions, pour preuve formelle de la procédure secrète entamée contre lui, les indications qui accompagnent son *Credo* dans des éditions anciennes, et la réprobation inscrite, un peu avant celle du cardinal légat (1327-1333), par le dominicain Vernani, en tête du traité de *la Monarchie*, que son auteur proscrit venait de dédier à Louis de Bavière, excommunié guerroyant avec le pape d'Avignon.

Ajoutons du reste volontiers que l'exclamation d'*ego sum Papa*, généralement attribuée au card. d'Ossa, pour proclamer son élection, est contestée par des auteurs ecclésiastiques. Nous consignerons ultérieurement, avec les additions ou pièces justificatives jugées utiles, les quelques variantes opportunes et, s'il y a lieu, les moindres rectifications reconnues justes, à nos traditions et faits historiques, scrupuleusement appuyés sur des documents notoires, mais souvent opposés, soit par la confusion des annales, soit par esprit de secte ou de parti, ce dont nous nous gardons toujours.

Une dernière observation. Notre panorama synchronique des faits, depuis notre ouverture, l'an mil, montre aux plus aveugles la chaîne logique et fatale qui lie toutes ces phases, comme elles-mêmes se lient au mouvement universel. 93, qui résumait dans son cataclysme toutes les longues guerres religieuses et politiques du moyen âge et de la réforme, ainsi que toutes les fureurs des pouvoirs et des jacqueries, est à la fois la seule fin réelle du monde féodal, et l'avénement législatif du nouveau cycle social, dont nous continuons la période agitée.

Biogr. de Sylvestre II. C'est Hakim, le G^e des kalifes Fatimites, dont le dur joug, succédant au règne tolérant des Abassides, provoqua le premier appel pontifical pour la croisade. Les hordes turkestanes n'apparurent qu'un peu plus tard en Palestine. (Voyez les *errata* fin de la table.)

Nous tenons à dire explicitement qu'on s'abuserait si l'on nous supposait hostile à notre université, dont nous apprécions les services présents et les lumières, tout en combattant certaines étroites tendances traditionnelles, et en regrettant de la voir partager avec l'Allemagne et la Prusse la haute direction philosophique, dont elle jouissait autrefois. Une réforme synthétique peut seule la lui rendre, et nous savons qu'il s'élève une jeune université vivace toute prête à embrasser la renovation. Nous savons plus particulièrement tout ce que contiennent de précieux les études spéciales, érudites ou brillantes, publiées sur Dante depuis un quart de siècle, en France comme en Italie et en d'autres pays, par d'éminents professeurs et littérateurs. Aux noms que nous avons cités, Schlegel, Chateaubriant, Sismondi, Lamennais, Fauriel, Leclerc, Osanam, Cantu, Balbo, Ampère, Delécluze, etc., nous joindrions ceux de MM. Villemain, Lamartine, Ph. Chasles, Witte de Breslau, Lyell de Cambridge, Troya, de Césaris, Picci, Giambatista et plusieurs autres. Nous avons scrupuleusement rendu justice en chaque occasion à toutes les initiatives méritoires, en les signalant aux lecteurs studieux, et nous la rendrons toujours, bien qu'aucun de nos confrères dantesques, je parle ici des nouveaux venus, n'ait rempli envers nous ce devoir strict. Mais, quoi que puisse nous coûter notre franchise, nous devions signaler nettement, pour la cause et la vérité que nous servons avant tout, des principes et des faits trop méconnus. Lorsque les autorités scientifiques ou littéraires, érigées en idoles, deviennent des obstacles au progrès, il faut, comme le paysan d'Altorf, ne pas se courber devant un chapeau.

Si nous n'eussions voulu qu'offrir un commentaire fantaisiste, un roman aux mille péripéties émouvantes, on croira sans peine nos affirmations devant notre cadre, nous possédons d'assez amples matériaux pour en broyer rapidement les couleurs, et nous en fournirons peut-être, chemin faisant, de quoi défrayer bien des théâtres, des volumes et des palettes. Hélas! nous n'avons plus l'esprit assez illusionné pour essayer de conquérir une telle palme, certainement beaucoup plus lucrative. Nous jugeons plus digne de nous astreindre à des conditions moins courantes et de chercher d'autres enseignéments dans l'immortelle épopée. Sans une foi plus haute et un but plus grave, nous n'aurions pas déjà, nous l'avouons, quel que soit notre culte envers Dante et les doctes études, sacrifié nos douze années les plus fécondes à l'ingrate tâche de traducteur, ni tenté, dans l'âge des inspirations, avec une santé souffrante, plus que n'ont fait nos savants devanciers, et deux maîtres modernes, dans l'âge des méditations et de la plénitude. Plût à Dieu qu'on nous eût épargné notre rude besogne! la plupart avaient, pour la mieux accomplir, une vaste érudition et tous les moyens matériels nécessaires. Si je meurs avant la fin de mon encyclopédique entreprise, ma pensée ne périra pas du moins avec son enveloppe; elle fructifiera en de meilleures mains et en de meilleurs temps.

Nous n'inscrirons ici qu'un éclaircissement sur la question dont parlait notre conclusion de l'append. à l'introd. génér. Un membre de la commission, instituée pour l'examen des livres destinés au colportage, a publié la statistique des rapsodies les plus achetées par la classe inculte. C'est, en majorité, un tissu de platitudes ignares ou graveleuses. Serait-on mieux édifié si l'on publiait la nomenclature des ouvrages les plus répandus chez toutes les classes, y compris les livres clandestins qui se payent au poids de l'or, et en retranchant ceux de nécessité scolastisque ou professionnelle, et quelques notoriétés exceptionnelles d'usage. Où sont aujourd'hui les groupes de nobles, de prélats, de hauts dignitaires et de banquiers du temps des Médicis et des Gonzague, assez épris pour mettre leur honneur à soutenir, par leur clientèle et leur appui, les productions scientifiques et littéraires élevées, devenues impossibles avec les désastreuses conditions de la librairie et du public actuel? Il ne leur reste, hélas! que l'Etat, c'est-à-dire les modiques subventions budgétaires. C'est la question que nous avions humblement soumise dans notre mémoire au Gouvernement et aux Chambres en 1847, non point pour provoquer de vaines apothéoses ou des parades oratoires, comme les corporations lettrées les aiment, mais de sérieuses mesures tutélaires pour assurer le travail indépendant des écrivains honorables sans fortune, exposés à des catastrophes trop fréquentes dans une société luxueuse et civilisée, qui recueille gratuitement leurs œuvres, trente ans après leur mort. Si nous osions maintenant soumettre cette question au moderne pouvoir, le premier responsable en pareille matière, c'est-à-dire la presse, avec la statistique de ses errements et de l'emploi de sa publicité, nous pensons qu'on en tirerait d'utiles leçons; car cette question touche aux fondements de l'ordre social, en un mot, à l'influence morale et industrielle, aux droits et aux devoirs des professions intellectuelles ou de l'enseignement non *diplômé*.

TABLE SOMMAIRE.

LE MONDE DANTESQUE. — PREMIÈRE GALERIE.

FIN DE LA TABLE DES PAPES.

ŒUVRES COMPLÈTES DE DANTE,

TRADUITES EN FRANÇAIS, PUBLIÉES DANS L'ÉDITION DE BIBLIOTHÈQUE. 6 VOL. IN-8°.

ÉPOPÉE. — La Divine Comédie, traduite en prose par TERCETS, ornée des dessins de FLAXMAN, avec une introduction et des notes explicatives. (*Enfer, Purgatoire et Paradis*). Volumes 1, 2 et 3.

ŒUVRES LYRIQUES. — La Vie Nouvelle, autobiographie ou narration du jeune amour de Dante pour Béatrice, prose mêlée de vers. Opuscule placé en tête du premier volume de la Divine Comédie, *Enfer*.

Les Poésies Amoureuses et Sacrées, recueil de pièces mystiques, relatives à la vie et aux sentiments de l'auteur ou aux événements contemporains. Volume 4.

ŒUVRES PHILOSOPHIQUES ET POLITIQUES, traduites pour la première fois, avec préliminaires et notes.

Le Banquet, Traité philosophique et scientifique, en forme de commentaire explicatif aux poésies. (4 liv. inachevé). — Volume 5.

La Monarchie, Traité de l'ordre gouvernemental dans le monde, par rapport aux peuples et aux deux pouvoirs fondamentaux, le religieux et le civil. (Complet). — Page 124, volume 6.

La Langue vulgaire, Traité des origines et de la poétique de la langue nationale italienne, avec une introduction générale sur le langage humain. (2 liv.-inachevé). — Page 485. Id.

Nouv. Biogr. du poëte Toscan. (Annexe détaché, avec les corresp.).

CLASSEMENT DES GRAVURES A PART.

MONDE DANTESQUE, PREMIÈRE GALERIE.

FRONTISPICE.

DANTE ÉCRIVANT SON ÉPOPÉE. — LA COMÉDIE ITALIENNE.

ERRATA.

LISEZ : page 73, dans la lett. de Clém. IV : nos filles prendront *les maris*, au lieu de : *les mains.* — Page 88, biog. de Célest. son père s'appelait *Angellaro*, au lieu de : de *Augier*, — Page 10, 32 et 28, *poupe, minorite, parodie*, au lieu de *poupre, ménorite, parodiation.* — Page 28, 87, 95 et 96, notes, texte italien : *A guisa di lanterno*, au lieu de : *A guiso*, id. — *E dicea me*, au lieu de : *a dicea*; — *da fastidiosi*, au lieu de : *du fastidiosi.* — Parad., ch. xxvıı, au lieu de : ch. xxıı. — *Quanto Giucato*, au lieu de : *Quescato*, etc.

Une table synchronique générale sera donnée à la fin du cycle des dynasties.

www.ingramcontent.com/pod-product-compliance
Ingram Content Group UK Ltd.
Pitfield, Milton Keynes, MK11 3LW, UK
UKHW022034070726
13613UKWH00002B/510